红色记忆® 11

潜入军统电台的巾帼英雄

海南省文化交流促进会 编

南海出版公司

2012·海口

图书在版编目（CIP）数据

红色记忆·第 1 辑·11 / 海南省文化交流促进会编 .
— 海口：南海出版公司，2012.3（2025.1 重印）
ISBN 978-7-5442-5793-0

Ⅰ.①红… Ⅱ.①海… Ⅲ.①革命传统教育 — 中国 — 青年读物②革命传统教育 — 中国 — 少年读物 Ⅳ.① D642-49

中国版本图书馆 CIP 数据核字（2012）第 034001 号

HONGSE JIYI · DI 1 JI · 11

红色记忆·第 1 辑·11

作　　者　海南省文化交流促进会
总 策 划　刘　栋
主　　编　王晓建
执行总编　张　桐　张爱国
责任编辑　聂　敏
封面设计　郑广明
排版印务　冉苗俊
发行总监　杨成春
出版发行　南海出版公司　电话：（0898）66568508　66568511
社　　址　海南省海口市海秀中路 51 号星华大厦五楼　邮编：570206
电子信箱　nhpublishing@163.com
经　　销　新华书店
印　　刷　天津睿意佳彩印刷有限公司
开　　本　787 毫米 ×1092 毫米　1/16
印　　张　6.5
字　　数　100 千字
版　　次　2012 年 3 月第 1 版　2025 年 1 月第 2 次印刷
书　　号　ISBN 978-7-5442-5793-0
定　　价　39.80 元

对历史无知的人，没有真正的信仰可言；没有信仰的人，不可能拥有美好的理想，不可能胸怀崇高的情感，也就不可能担负起任何责任。用欲望文化代替历史教育，足以使一个国家的青年被腐蚀、使一个民族的希望被毁掉，使这个国家和民族被永世万代地奴役！

鉴于此，我们呼唤历史，唤回那段属于二十世纪的“红色”历史，唤回那段炮火硝烟、颠沛流离的历史，唤回那冲天的狼烟留下的悲壮回忆、岁月年轮沉淀的斑驳痕迹。历史不应该被忽略，更不应该被遗忘，牢记那段革命战争年代的红色历史更是责任。为了那些不应该被忘却的记忆，为了那些不应该被丢弃的信念，于是就有了这套《红色记忆》丛书。

曾记否，当草鞋与意志丈量出来的两万五千里穿越一个伟大民族五千年的荣辱兴衰，革命的火种被一路播撒、一路点燃。人迹罕至的雪山、荒无人烟的草地被鲜血浸透，衬映出一段光辉的里程；万水千山早已被远远地抛在身后，一轮红日在黄土高原磅礴而起。满目疮痍的河山在1936年10月温暖如春……

曾记否，当生命和鲜血浸染的十几年光阴将一种记忆铭刻进一个伟大民族的历史画卷，革命的火焰从星火到燎原。这栏杆拍遍、易水悲歌般的呼号，这折戟沉沙、慷慨赴义的悲壮，这铁马冰河、枕戈待旦的苦战，这红旗漫卷、所向披靡的豪迈……腔腔热血、铮铮铁骨早已被熔铸成一座不朽的丰碑，中华民族从苦难中百死后生的壮丽诗史凝结成了五星闪耀的红色记忆。

曾记否，中华人民共和国成立以来，又有无数英烈接过前辈用鲜血染红的旗帜，或壮怀激烈戍边卫国，或忠于职守鞠躬尽瘁，或绝甘分少奉献大爱，甘做国家强盛、人民富裕的铺路石，成为和平年代民族复兴的荣光，把人民心中的红色记忆浸染得分外鲜艳，永不褪色。

这红色记忆，是信念不衰、志向不改的崇高气节；这红色记忆，是无私无我、生属苍生的博大胸怀；这红色记忆，是敢为人先、披荆斩棘的拓荒精神；这红色记忆，是中华民族最宝贵的精神财富。它告诫我们，人事有代谢，传承无绝期。缅怀先烈精神，继承先烈遗志，是社会的道德和民族的良心，是后来者须臾不可忘怀的本分。

老一代人把历史的真实交付给我们，我们有责任用真实还原历史，传承给下一代，把那段岁月与现在年轻人的生活连接到一起，使他们眼中的历史变得立体、真实、可靠，让历史成为他们前进的动力。本丛书将那些流动的、随时会飘散在时间天际的事件凝固下来，希望透过这些文字、图片，感受到英雄们那坚定的革命信念，感受到那个年代澎湃的革命激情，真切体会那段“红色历史”。

忘记历史，就意味着背叛。让我们重温历史，缅怀先烈，从中汲取力量，毅然前行。

刘栋

目录

CONTENT

周恩来与杨匏安	文 / 王晓建	1
回忆陈士榘同志的作战指挥	文 / 石一宸	10
血战南岭不畏死　天涯海角留英魂	文 / 张小帆	15
潜入军统电台的巾帼英雄	文 / 时　锋	23
有一口气就要跟部队走	文 / 欧阳平	29
长征铁流劲旅中的巾帼英雄	文 / 邓六金	33
母女“狼窝”历险记	文 / 马洪中	37
父亲江涛战斗在太行山上	文 / 江和平	42
父亲是座山	文 / 钟冀江	60
志愿军第一个击落敌机的飞行员李汉	文 / 季秀志	64
抗联孤胆英雄翟学忠	文 / 梁怀峰	69
夜战三井	文 / 左　齐	74
午城、井沟之战	文 / 陈士榘　刘西元	80
我们的靠山是人民	文 / 王恩厚　李亚荣	86
日本兵在我身上刺了二十四刀	口述 / 郑心文　整理 / 陈书焕	93

周恩来与杨匏安

文 / 王晓建

杨匏安

周恩来是中华人民共和国的开国总理，是中国共产党20世纪20年代至20世纪70年代中期的领导者之一。

杨匏安是中国共产党最早的党员、理论家之一，也是大革命、第一次国共合作时期，以个人身份加入国民党担任较高职务的共产党人之一。

在杨匏安生前，周恩来敬重杨匏安；在杨匏安英勇就义后，周恩来关心杨匏安的亲属，珍视杨匏安留下的精神财富，希望中国共产党的党员以杨匏安为楷模。

一、广东相识

周恩来是1924年7月从欧洲启程归国的，9月初到达正处于国民党、共产党合作推进国民革命之下的广州，10月即被任命为中共广东区委委员长兼区委宣传部部长。杨匏安时任中共广东区委监委委员，并在国民党中央组织部担任实际主持部务工作的秘书。周恩来与杨匏安就是在这时相识的。

他们刚刚相识，就共同参与指挥了一个重大的军事行动。广东买办首领陈廉伯纠集各县商团，组织起一支商团军，于10月10日打死打伤一百多名游行群众，发动了叛乱。正在粤北韶关督师北伐的孙中山得报，指令在广州成立临时军事指挥部统一指挥平叛。周恩来、杨匏安参加了这个指挥部。10月15日，临时军事指挥部下令向商团发起进攻，商团军盘踞广州西关顽强抵抗。周恩来、杨匏安等指挥部成员决定，调集炮兵轰击商团军，以广州卫戍部队和粤军第二师等部分进行合击，一举突破了商团军的西关阵地。陈廉伯逃跑，商团军溃散，叛乱被彻底平息了。

中共广东区委的工作范围并不局限于广东，还包括广西、厦门、香港、南洋等地。杨匏安主持下的国民党中央组织部的党务也在向这些地区拓展，周恩来、杨匏安之间的日常工作往来是相当多的。那时候，广东区委领导人和从上海赴广东公干的中共中央高层领导人都经常来杨匏安的居所杨家祠，举行会议或商谈工作。周恩来、邓颖超、陈延年、谭平山、张太雷、彭湃、苏兆征、邓中夏、李富春、蔡畅，以及陈独秀、瞿秋白、刘少奇、林伯渠等，一度都是出入杨家祠的常客。

11月，周恩来就任黄埔军校政治部主任，杨匏安升任国民党中央组织部代理部长。中共中央通知：黄埔军校招生时，应考的中共党员先到杨匏安处报到，再由杨匏安介绍给周恩来。

1925年2月，周恩来随黄埔军校校军开始讨伐陈炯明的第一次东征。为加强黄埔军校校军的政治工作，杨匏安将古大存等一批共产党员选调给周恩来，在东征军中担任政治宣传员。东征军所向披靡取得的重大胜利，是与强有力的政治工作分不开的。

经过一段时间的工作交往，周恩来与杨匏安相互增进了了解，建立了深厚的友谊。周恩来赠送给杨匏安一方铜墨盒，盒盖上刻写了九个字：“匏安兄文玩，周恩来志”。

6月，香港、广州数十万工人举行省港大罢工。杨匏安以国民党中央农工部长、国民政府财政部长廖仲恺的代表身份，参与领导省港大罢工，被罢工工人代表大会聘为顾问。杨匏安亲赴香港指导罢工期间，一度被港英当局逮捕关押。周恩来此时已不再担任中共广东区委委员长，而专任广东区委的军委书记。周恩来高度关注省港大罢工，多次到罢工工人代表大会作报告，还为罢工工人纠察委员会选派了徐成章、陈赓等黄埔军校生担任纠察队的教练。杨匏安和周恩来同为省港大罢工作出了重要贡献。

杨匏安参与领导省港大罢工期间，罢工委员会有时会在杨家祠给罢工工人发放各界捐款。一次，杨匏安的孩子们在存放过罢工捐款的麻袋里拣到两角钱硬币，杨匏安吩咐把这两角钱立刻送到罢工委员会去。这件事给周恩来留下了深刻的印象，时隔多年还对杨匏安的孩子回忆说：“你父亲为官清廉，一丝不苟，称得上是模范！”

8月20日，国民党左派领袖廖仲恺在广州被刺杀。为追查凶手和幕后策划者，国民政府组织了廖仲恺案检查委员

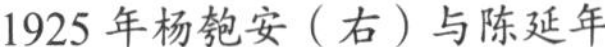
1925年杨匏安（右）与陈延年

会，周恩来和杨匏安共同参加了廖案委员会。周恩来撰写了《勿忘党仇》《沙基惨案与廖党代表之死》的悼念文章，杨匏安亲自指挥侦缉行动，捉到了几名凶手，他与周恩来一起审问了凶手。在杨匏安与周恩来的密切配合下，廖仲恺案的真相被查明，国民党右派集团的阴谋被揭露，其越来越猖獗的气焰受到沉重打击。

9月，国民政府决定发动第二次东征，周恩来被任命为国民革命军东征军总政治部主任兼第一军政治部主任。东征军横扫地方军阀和陈炯明的残余势力，迅速平定了东江地区。11月，国民党广东省第一次代表大会召开，杨匏安当选为国民党广东省党部常务委员兼组织部部长。在杨匏安的建议和努力下，周恩来被任命为国民党广东东江各属党务组织主任、广东东江各属行政委员，得以兼管惠（阳）、潮（州）、梅（县）和海（丰）、陆（丰）各县的党务、行政工作；邓颖超为新设立的潮梅特别委员会委员。

周恩来以此身份主持改组了国民党汕头市市党部，惠、潮、梅、海陆丰各县县党部，并参加了在汕头召开的各县县党部代表大会，在会上作了关于党务工作的报告，谴责了国民党右派“西山会议派”的分裂活动。周恩来还下令取缔由各县土豪劣绅把持的县议会，将饶平、澄海、揭阳、普宁、潮阳、惠来等县的反动、贪渎县长撤职，另行委派了国民党左派或中派人士担任县长。

1926年1月，中国国民党第二次代表大会在广州召开。杨匏安等做了大量工作，使到会的二百五十六名代表中，共产党员和国民党左派人士占了绝对优势。在这次代表大会上，杨匏安与汪精卫、蒋介石、谭延闿、胡汉民、谭平

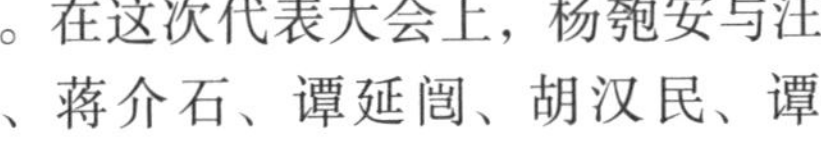

山、林伯渠、陈公博、甘乃光一同当选为国民党中央执行委员会常务委员会委员，成为“九大常委”之一。杨匏安并与谭平山、林伯渠组成秘书处，负责处理国民党中央的日常工作；还与邓颖超等共同担任提案审查委员。当了高官的杨匏安一如既往，不收受任何礼金、礼品，也不为亲朋故旧说情，保持了廉洁、朴素的作风，过着淡泊、清苦的生活。周恩来目睹耳闻这些情况，称赞杨匏安“为官廉洁，家境清贫”，时常以杨匏安的风范为例，教育共产党员和各级干部。

二、上海诀别

1926 年冬，周恩来离开广州，先后在上海领导了第三次工人武装起义，在南昌参与领导了南昌起义。南昌起义部队南下广东失败后，在上海参加了中共中央的领导工作，任中共中央政治局常委，中共中央秘书长，中共中央组织部部长，中共中央军委书记等职务。

杨匏安 1927 年 3 月自广州赴武汉，参加了中国共产党第五次全国代表大会。中共五大首次设立了中央监察委员会，杨匏安当选为中央监察委员会委员，并任副主席。大革命失败后，杨匏安以中央监委副主席和中央监委委员的身份参加了中共中央紧急会议，即“八七会议”，会后运用他的影响，协助广东的党组织为接应南昌起义部队做了统战方面的工作。11 月，“左”倾错误影响下的党中央以杨匏安参与“第三党”活动问题为由撤销了他中央监委副主席和中央监委委员的职务，还给予他留党察看的处分。杨匏安没有怨言也没有消沉，奉命出国前往南洋，在马来亚、新加坡等地开展中国共产党委派给他的工作，至 1929 年初回到上海。

中共中央安排杨匏安参加党报、党刊的编辑出版工作。杨匏安毫不计较职务高低，不仅圆满完成了有关《红旗报》和福明印刷所的任务，还主动在文化、出版界做了许多工作。一方面参加进步文化社团，团结了不少倾向革命的文化人，另一方面还编纂了《西洋史要》这部具有开拓意义的世界史专著，影响了众多的青年读者。但作为一个忠诚的老党员，无端所受的处分仍是他背负的沉重负担，他亟盼党中央能够重新审查自己的“问题”。考虑再三，杨匏安通过潘汉年，向中共中央反映了自己的要求。

周恩来与杨匏安相知甚深，尽管杨匏安受到严厉处分，周恩来依旧在内心深处敬重杨匏安。一接到潘汉年的报告，周恩来就专程来到杨匏安家，了解杨匏安的想法，征求他对当前党的工作的意见。两人见面后，杨匏安没有多谈自己，只是诚恳地说：“我这个受到迫害的老同志，什么时候才能得到平反呢？”由于党中央尚未就前一阶段的处分决定做出新的结论，故而周恩来无法正面回答杨匏安的问题，只能肯定杨匏安在党报、党刊编辑出版工作方面，特别是在文化战线上为党所做的贡献。杨匏安针对当时创造社、太阳社与鲁迅的论战，提出了自己的看法。创造社和太阳社这两个革命文学团体，成员大多是共产党员或进步文学家，却与鲁迅不睦，双方激烈的、伤感情的论战持续不休，这对党的工作极其不利。杨匏安向周恩来建议：“要想在文化方面结成统一战线，必须停止对鲁迅先生的围攻。”周恩来高度重视杨匏安关于团结鲁迅的意见，随即过问了这个问题，上海进步文化界之间的激烈论战，不久后就停止了，鲁迅逐渐完

杨匏安使用过的书籍

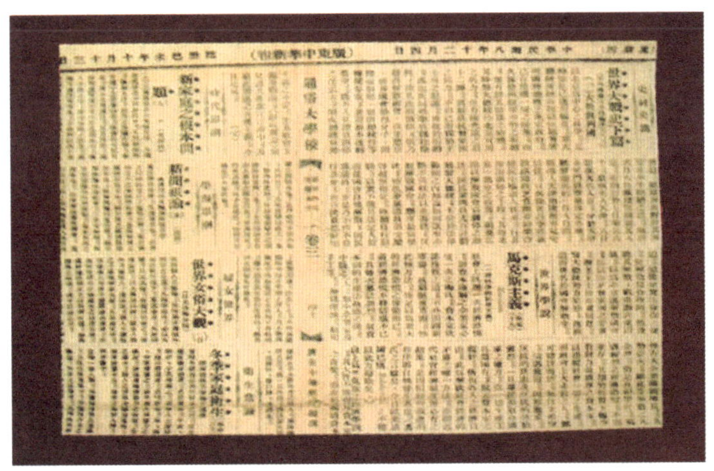

当年刊登杨匏安宣传马克思主义文章的《广东中华新报》

杨匏安生前用过的眼镜和周恩来送给他的墨盒

成了从一个民主主义者到马克思主义文化战士的转变。

1930 年初，杨匏安因党的印刷机构遭破获而被捕。周恩来闻讯，冒险到杨匏安家看望杨匏安的亲属，带去了党组织的关怀。杨匏安的母亲陈智感动地说："这么危险，就别来看我了。"周恩来表示：将会设法全力营救杨匏安。周恩来得知杨匏安没有暴露共产党员的身份，通过律师公会积极营救杨匏安，杨匏安在提篮桥监狱关押八个月后被释放了。

杨匏安出狱后，在周恩来等党的领导人的努力下，被重新安排了工作，担任中共中央农民运动委员会农民部副部长。在新的岗位上，杨匏安除了完成日常工作外，还翻译了《地租论》《伊里几的地租论》等文章，结集出版后，为正在轰轰烈烈进行的土地革命战争提供了重要的参考资料。

1931 年 7 月，杨匏安在东有恒路二〇四八号的秘密印刷厂再次被捕。周恩来去过杨匏安家，知道杨家的生活十分困难，便指示组织部门，无论有多么大的困难，也要把杨匏安家属的生活管起来。周恩来还筹划过在杨匏安被押往南京或苏州的途中，由中央特科组织武装营救行动。但终因蒋介石屡次对杨匏安劝降不成，下令在上海就地处决杨匏安，周恩来的武装营救计划未能实现。

8 月，杨匏安被枪杀于上海龙华。就义前，他写下了著名的《示难友》诗："慷慨登车去，临难节独全。残生无可恋，大敌正当前。知止穷张俭，迟行笑绪渊。从兹分手别，对视莫潸然。"这首被难友们背记下来的诗不胫而走，也传到了周恩来、邓颖超夫妇那里。

三、身后哀荣

杨匏安被杀害后，周恩来十分痛惜，想方设法周济杨匏安的家属。但 1932 年初，日军进攻上海的"一二八"事变爆发，杨匏安的家属们为躲避战祸离开原住址虬江路，就此与党组织失掉联系，只好南返广东老家。

周恩来派人找不到杨匏安的亲属，曾化名周宇翔，写信给杨匏安老家中山县的有关人士，打听杨匏安家属的下落，

杨匏安烈士的妻子吴佩琪女士

还委派连贯到中山县寻找，可惜都未找到。周恩来又请托廖仲恺的夫人何香凝代为寻找，何香凝虽一度找到杨匏安的亲属，给予了关照，但因廖承志被捕，何香凝仓促离开广东前往营救，联系又中断了。

杨匏安的夫人吴佩琪在颠沛流离中病逝。杨匏安的母亲陈智、庶母关秀英在抗日战争全面爆发后与党组织取得了联系。周恩来给她们寄了信和安家费，安排她们带着杨匏安的子女到香港，两位老人和孩子们都参加了革命工作。

杨匏安的次子杨明（杨宗锐）被派往延安学习，途经武汉时，在八路军驻武汉办事处与周恩来相见。周恩来向杨明讲述了杨匏安在狱中坚持斗争、英勇就义的情况，还将杨匏安的《示难友》诗背诵给杨明听，并且解释了诗中所用的张俭、褚渊等典故，勉励杨明学习父亲的榜样，继承父亲的遗志。1939 年 8 月，杨匏安的三子杨志（杨宗政）也被派往延安学习。杨志到达延安后，像杨明一样得到周恩来、邓颖超的关照。周恩来、邓颖超多次写信给杨明兄弟，信中既有政治上的教诲，也有生活上的叮咛。有一年元旦前夕，邓颖超写信给杨明，邀请他带着弟弟杨志到家中“谈谈玩玩”。杨明到周恩来、邓颖超在延安的住地，看到邓颖超的笔记本上抄录着杨匏安的《示难友》诗，便把这首诗转抄了下来。中华人民共和国成立后，杨明、杨志及杨匏安的长子杨玄、幼子杨文伟兄弟，将《示难友》诗抄寄给了正在征集革命烈士遗诗的中国青年出版社，诗人萧三把这首诗编入了《革命烈士诗抄》。《示难友》能够保存下来为广大读者阅读、传诵，是与周恩来、邓颖超夫妇当年的抄录分不开的。

1941年1月，国民党发动皖南事变后，陪都重庆的环境变得极其险恶。为防备国民党当局突然袭击，周恩来布置中共南方局、八路军驻重庆办事处的部分工作人员撤退、转移，对留守重庆坚持工作的同志进行了革命气节教育。在1月底的一次会议上，周恩来背诵了杨匏安的《示难友》诗，追述了杨匏安的大义凛然和视死如归，以与同志们共勉。这些，使中共南方局、八路军驻重庆办事处及《新华日报》的留守工作人员深受教育。

四、良苦用心

周恩来为何如此敬重、推崇杨匏安？为何如此珍视杨匏安留下的精神财富？我以为，其中有着周恩来的良苦用心，出于对中国共产党发展和建设的长远考虑，他将杨匏安作为中国共产党人的楷模，希望每一个共产党员都效法杨匏安。

不妨对比一下，在中国共产党的早期党员中，陈独秀、彭述之因种种主客观原因，与党分道扬镳了；陈公博、周佛海坠入敌对营垒，成为党的敌人，最终成为汪伪集团的汉奸；党的总书记向忠发、政治局委员顾顺章，刚刚被捕就背叛党、出卖党……反观同时代的杨匏安，在思想上确立了共产主义信念后，就再也没有动摇过。无论处在顺境还是逆境中，哪怕受到无端的打击、错误的处分，也始终与党同心同德，为建立美好的、人民当家作主的社会而奋斗不渝，宁可牺牲自己的生命也在所不惜……

中华民族的仁人志士，历来讲究富贵不能淫，贫贱不能移，威武不能屈。杨匏安是真正做到了这“三不”的。他

在国民党内官至中央九常委之一，又执掌组织人事大权，每月薪俸数百大洋，可谓位高权重禄厚，可他为官廉洁奉公，两袖清风，为人谦和自律，纤尘不染，连薪俸也作为党的经费上交——这正是富贵不能淫！他被国民党、共产党相继撤销了职务来到上海时，全家生活困顿到极点，甚至落到要靠他写稿子，做米糍维持生计的地步，落到女儿患病无力医治而夭亡的地步，可他却不计地位，不发怨言，不叫困难，完成本职工作以外，还主动做了许多很有意义的工作——这正是贫贱不能移！他在被捕入狱，面临死亡威胁的情况下，坚决拒绝来自国民党最高层的劝降，以诗明志，以生命殉事业，还激励难友保持气节——这正是威武不能屈！

对于中国共产党来说，杨匏安这样的党员是最需要、最宝贵的。在党的创建时期，要靠杨匏安这样的党员不怕艰难困苦努力奋斗，才能打造一个真正为人民服务的党；在取得政权成为执政党以后，要靠杨匏安这样的党员不怕糖弹袭击执政为民，才能建设一个繁荣富强的国家，让人民过上幸福康乐的日子。

周恩来被国内外、党内外的不少人士视作品德高尚的“完人”。实际上，杨匏安也是一位党德、私德均无可挑剔的“完人”。周恩来与杨匏安，这两位“完人”的心灵是相通的。周恩来不仅具有现实感，而且富于远见卓识，我们若理解周恩来的一片苦心，就应该像杨匏安那样对待理想、信念、事业、做一个“公忠不可忘”的堂堂正正的人，一个有益于国家和人民的、问心无愧的人。

回忆陈士榘同志的作战指挥

文/石一宸

陈士榘将军

石一宸（1914年—2004年），山东临淄人。1937年参加八路军，1939年加入中国共产党。抗日战争时期，任山东纵队第三支队连长，第四支队独立大队副营长，第九支队第一团参谋主任，山东滨海军区司令部作战科科长，教导团参谋主任。解放战争时期，任山东滨海军区第三军分区参谋主任，警备十旅参谋主任，华东野战军第三纵队八师参谋处长，八师二十三团团长，第三野战军二十二军六十六师参谋长、副师长。中华人民共和国成立后，任华东军区司令部作战处处长，福州军区副参谋长兼作战处处长，福州军区参谋长、副司令员，中国人民解放军军事科学院顾问。1964年晋升为少将军衔。

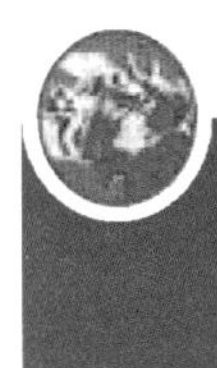

抗日战争时期八路军一一五师参谋长陈士榘

我长期在陈士榘同志的领导下工作，在作战指挥方面深受他的教诲，往事仍历历在目，难以忘怀。

1943 年秋季，日军集中两万兵力，对山东的鲁中地区进行频繁拉网式的残酷“扫荡”，对鲁中地区的党政军民造成极大的损失。其“扫荡”锋芒很快指向坚持平原游击战争的渤海地区。在这危急时刻，滨海军区的陈士榘司令员，为了分散日军兵力以及策应鲁中和渤海地区的反“扫荡”，决心攻打赣榆县城，消灭伪军的一个旅。经山东军区罗荣桓司令员批准并批给三发钢炮弹，以加强攻城火力。陈士榘部署了打援的兵力以后，命令二十三团从南面进攻，六八六团从东面主攻。当时为突破城门设计了两个方案，一是利用内线关系实行“锥城”，二是如果“锥”不进去则实行强攻。陈士榘再三交代突击连长何万祥，要他做好强攻的一切准备。经过内线关系的配合，六八六团一举突入城内，经过激烈巷战，伪军旅长李亚藩龟缩到他预设的核心阵地，等待日军增援。这个核心阵地是用石头砌的一座石头城，很坚固，经过强攻，没有奏效。李亚藩在高大的炮楼里肆意狂叫，欺负八路军没有炮。这时陈士榘命令炮兵连长李玉章瞄准李亚藩的指挥位置射击，要求把炮弹从瞭望孔里钻进去在里面爆炸。李玉章是红军时代的老炮兵，第一炮就把李亚藩打懵了。炮弹响后部队立即强攻，机枪、手榴弹响成一片。同时乘机开展政治攻势，指名李亚藩派人下来谈判，不下来就继续打炮。李亚藩缩到炮楼中层继续指挥顽强抵抗。陈士榘见敌人没有反应，命令李玉章看准李亚藩移动的指挥位置，再打第二炮。这一炮不偏不倚又命中了，部队马上组织强攻，接着喊话。

炮声响后，炮楼里伸出一面白旗，不一会，自称是李亚藩的副官长出来了。陈司令员斩钉截铁地对他说："你回去告诉李亚藩，他有本事就守下去，否则赶快出来谈判，给他留条后路……"此役激战十二个小时，战斗最终胜利了。一个旅的全部装备，连同汽车、马匹等成行成列地开到根据地。

1946年12月初，蒋介石为了迅速结束苏北战事，组织重兵分四路沿苏北向山东进攻，陈毅与粟裕根据"捡弱的先打"的作战原则，决定先打戴之奇指挥的整编第六十九师这一路。粟裕率部从东向西打，陈士榘率部从西向东打，两路夹击歼灭敌整编第六十九师。陈士榘当时任新四军参谋长兼山东军区参谋长，他没有组织前线指挥所，带着参谋处长王德和几位参谋，利用第八师的指挥所实施指挥。第八师指挥所位于峰山脚下一个小村庄，陈士榘指挥第一纵队切断敌六十九师与敌十一师的联系，相机歼其一部，第八师负责攻峰山。峰山是该地区唯一的制高点，攻占后便于以峰山为依托向东出击。陈士榘与八师首长研究，决定由八师二十三团攻峰山。攻击开始后，敌人拼命死守，攻了一夜，伤亡很大，经顽强拼搏，天亮后才攻占了主峰。敌人频繁地进行反扑，形势危急，他立即决定要八师二十四团火速增援二十三团，命令他们坚决守住峰山，如果后撤半步则"军法处置"。同时又要已插入敌六十九师和敌十一师接合部但又连夜撤回的第一纵队，稍事整顿后迅速打出去，以便夹击敌六十九师师部。这时峰山稳住了，陈士榘决定趁机攻歼晓店子敌六十九师的预三旅。八师二十二团是预备队，决定派该团攻歼晓店子预三旅，二十二团擅长于攻坚，激战一夜，全歼守敌。在整个战役中，我们看到陈士榘对敌情、己情了如指掌，决心果断，部署周密，指挥灵活，高度体现了这位高级指挥员的指挥艺术和指挥风采。

宿北战役之后，下一步的作战行动有两个方案，一是集中兵力在华中地区消灭敌整编第七十四师；二是回师鲁南，集中兵力消灭进攻鲁南的敌整编第二十六师及快速纵队。陈士榘与唐亮权

1947年1月华东野战军领导在鲁南战役后合影（右二为陈士榘）

衡利弊后，主张回师鲁南，打敌二十六师和快速纵队。并于12月24日直报中央军委，积极建议打鲁南战役。中央军委于12月24日根据陈士榘、唐亮与粟裕的建议，批准了鲁南战役的作战计划。之后，由粟裕、陈士榘分别指挥左、右两路纵队，首先攻歼敌二十六师和快速纵队。两路纵队全面展开后，各纵队都在穿插分割围歼敌人。其间陈士榘指定第八师攻打二十六师师部。敌师部驻马庄，三个小圈子的火力都能交叉覆盖，有四辆坦克围着马庄转，以加强师部的防御。要攻打小圈子必须先制服敌人的坦克，二十三团的打坦克英雄李华率领他的小分队，先是爬坦克，他们设想爬上去朝瞭望孔打枪，把人打死了，坦克就不能动了。但爬上去后，敌坦克一个急转弯把他们摔下来了，等到他们再爬上去的时候又被摔下来。陈士榘立即指示要用集束手榴弹炸坦克履带，结果几辆坦克被炸得不能动了。二十三团乘机对三个小圈子分割包围，一个一个地把它消灭了，打掉了敌人的师部，对整个战役的进行起了很重要的作用。左右两路大军经过激烈战斗，敌二十六师各部及快速纵队多路突围，结果被两路大军以迅猛的动作把敌人全部消灭了。

孟良崮战役之前，进攻山东的敌人密集靠拢，稳扎稳打，华野一时抓不到战机，几次想把敌人调开，然后各个歼灭，但几次都没有成功。4月下旬，华野首长决定组成西线兵团。由陈士榘、唐亮统一指挥第一、第三、第十纵队攻打泰安城，其目的是想以攻泰安为手段，调动敌人来援而加以歼灭。陈士榘首先命令第十纵队攻城，第一、三纵队打援，准备迎击可能由大汶口方向向泰安增援的敌整编第七十五师和八十五师。十纵队开始打得很顺利，但泰安唯一的制高点嵩里山攻了两次没有攻下来。陈士榘察觉敌人没有增援的迹象，决定迅速攻歼守城的整编第七十二师，为了迅速攻占泰安，陈士榘命令第一纵队独自打援，第三纵队星夜赶到泰安参加攻城。确定八师二十三团打嵩里山，该团第一天失利了。第二天攻打嵩里山的同时，二十二团由西门攻城。嵩里山和西门外博济医院这两个据点还没有打下来。从两者之间的夹缝中去攻西门是有一定风险的。结果嵩里山打下来了，二十二团巧袭西门也成功了，天亮以前，八师全部投入城内。配合第十纵队全歼守敌。真是“晨钟响处古城破，暮鼓时分捉文泉”（杨文泉是七十二师师长），这一仗打得很漂亮，但也有点风险，如果援兵突破了我们的阻击阵地，那后果将是严重的。但对具有科学预见和精确计算的指挥员来说是敢冒这个风险的。

泰蒙战役之后，陈士榘立即协助陈毅、粟裕首长组织指挥了震惊中外的孟良崮战役。这一战役打得很艰苦，但胜利是伟大的。不仅击破了敌人对山东的重点进攻，而且在华东战场奠定了胜利基础。

1947年8月上旬，刘伯承、邓小平率晋冀鲁豫野战军挺进大别山，为了策应刘邓大军的作战行动，军委和华野首长决定由陈士榘、唐亮指挥五个纵队实行外线出击。首先在鲁西南地区与敌人兜圈子，钳制国民党第五军等部队。我记得我们三纵队围着曹县转了三圈，敌人跟着我们也转了三圈，各路纵队都在与敌人周旋。周旋的结果，把重点进攻山东的敌人调出了七个整编师，把尾追刘、邓部队的敌人留下来了。到了1947年冬，敌人大举围攻大别山的刘邓大军，军委决定由陈毅、粟裕，陈赓、谢富治两支大军进击平汉路以配合刘邓大军的反围攻。华野首长决定由陈士榘指挥四个纵队破袭平汉路许昌、郑州段和陇海路郑州、开封段，第三纵队奉命攻打许昌，首战告捷，歼敌近万。接着又在西平、遂平之间歼敌整三师一个旅。在此之后，1948年春夏，第三纵队在陈士榘、唐亮的指挥下，配合友邻又打了洛阳、开封两个城市的攻坚战，共歼敌六万多人。攻打开封时，陈士榘亲自爬到开封的铁塔的顶上进行战场指挥，对部队迅速获胜起了重要的作用。战场的指挥员，特别是高级指挥员，经过日日夜夜的辛勤工作结出璀璨的丰硕成果。

济南战役以及淮海战役，陈士榘在总前委的领导下，实施战场指挥。特别在第二阶段，陈士榘临时受命，统一指挥中原野战军的南集团以及华东野战军参战的第三、第十三纵队以及特种兵纵队一部，首先攻歼胡琏、杨伯涛指挥的第十八军，突破后立即向双堆集突击，激战一个昼夜，黄维兵团顷刻瓦解俱遭歼灭。

人们常说，陈士榘屡战屡胜，战运甚佳。是的，但战运是经过人的主观努力创造出来的。一个英明的高级指挥员，善于从战略的高度思考问题，从大局出发去捕捉战机，一旦瞅准了则一股劲地打下去。战前善于认识敌人，战中精心组织指挥并且善于靠前指挥，这样的指挥员是难能可贵的，屡战屡胜是合乎事物的发展规律的。

洛阳战役期间陈士榘（左）和陈赓在前线

血战南岭不畏死 天涯海角留英魂

文 / 张小帆

李硕勋（1903 年—1931 年），又名李陶，四川庆符人。1924 年加入中国共产党，是中共早期参与领导军事斗争的先驱之一。曾任中共南昌起义军十一军二十五师党代表兼政治部主任、江西省委军委书记、浙江省委常委兼军委书记、江苏省委军委书记、中共中央军委委员。1931 年 6 月，任中共广东省委军委书记，受党的委派，前往海南指导武装斗争。抵达海口后，因叛徒出卖而被捕，同年 9 月在海口市东校场英勇就义。

“锦城初识羡英华，有志男儿爱国家。北伐从军趋武汉，南征转战别流沙。几行墨迹明心迹，万顷浪花涌血花。遗骨琼州何处觅，喜看红日照天涯。”这是李硕勋烈士的老师吴玉章所赋的《悼念李硕勋烈士》一诗，也概括了李硕勋光辉的一生。多年来，人们一直深深怀念着这位革命烈士。

“陶：余在琼已直认不讳，日内恐即将判决；余亦即将与你们长别。在前方，在后方，日死若干人，余亦其中之一耳。死后勿为我过悲，惟望善育吾儿。你宜设法送之返家中，你亦努力谋自立为要。死后尸总会收的，绝不许来，千嘱万嘱。勋。”这是李硕勋就义前在狱中写给妻子赵君陶的遗书，是托狱中难友设法传出监外寄走的。如今，再重温其中的一字一句，这位铮铮铁骨的汉子对妻儿的关爱以及为革命视死如归的豪情跃然纸上。

少年豪侠志凌云

1903 年 2 月 23 日，李硕勋出生于四川庆符县（现为高县）庆符镇，幼时先后在镇上的私塾、梧桐书院初级小学、县立高等小学读过书。1916 年，孙中山掀起护国运动，庆符县立高等小学成了兵营，李硕勋不得不中途辍学，直至第二年才得以回校继续读书。

1918 年 8 月，李硕勋考入宜宾市的叙州联合县立中学，不久因父亲去世，回家奔丧，一度辍学在家，直到 1919 年 1 月才到成都的储才中学读书。五四运动时，李硕勋被推选为学生代表，参加了反帝反军阀斗争，这一年的下半年，李硕勋还到川军第一师骑兵团当了一段时间的团部文书，年底才辞职回家。1920 年以后，李硕勋又先后辗转到宜宾、成都和北京等地，完成中学的求学生涯。

少年时期的李硕勋就表现出豪侠情怀。据中共海口市委党史研究室原副主任梁洪文介绍，李硕勋读小学时，曾大胆闯入军阀连部，痛斥军阀连长诬陷教师李鼎三为“窝主”的无理行径，使得对方瞠目结舌，无地自容。这件事轰动了整个庆符县。那时，李硕勋就发出宏愿：“吾愿成一事业家。”

1981 年，在李硕勋逝世五十周年的时候，他的同学阳翰笙曾撰文《甲子一周怀硕勋》，这篇文章发表在 1983 年第三期的《人物》杂志上。据阳翰笙回忆，1921 年，他们在成都的四川省立一中读书时，认识了当时在成都高等师范学校当校长的吴玉章，并深深地为吴玉章的广博知识和革命思想所吸引，于是多次登门请教。

在吴玉章的影响下，李硕勋和阳翰笙等同学在成都开展了活跃的学生运动。四川军阀当局想遏制省立一中在学生运动中的带头作用，便派出一位姓严的人来当校长，扬言要对学生严加管教，于是爆发了成都和许多外地学校声援省立一中的学潮，李硕勋是那次学潮的重要组织者。当那位“严校长”乘坐四人抬的大轿，威风凛凛地到学校上任时，同学们决定狠狠地打击他，让军阀难堪。但李硕勋叮嘱大家：“君子动口不动手，动手也不打人。轿子必须砸，不砸，严某不知厉害，但不要动手打他。”这一招挺灵，严某被拒于校外，狼狈不堪地溜走了。

由于李硕勋等人发动的学生运动，引起了军阀当局的极大嫉恨，甚至下令通缉他们，因此，李硕勋和阳翰笙等人不得不离开成都，并于 1923 年秋季北上京城。

初上战阵显英才

1924 年，李硕勋和阳翰笙考入上海大学社会学系，系主任是瞿秋白。这一年的 5 月 4 日，李硕勋加入了年轻的中国共产党。在上海大学总务长邓中夏的指导下，李硕勋和阳翰笙等人白天听课学习，晚上办工人夜校，开始与工人接触。蔡和森、张太雷、恽代英和任弼时等的讲课，让李硕勋他们掌握了不少马列主义和历史学、社会学知识。1925 年初，阳翰笙患上严重的胃病，组织批准李硕勋陪他一起到杭州一边自修，一边养病，但不久五卅运动爆发，他们便匆匆赶回上海。

6 月 2 日，李硕勋和上海大学的师生一起举行素食活动，哀悼五卅惨案中的死难烈士，并为该校牺牲的学生何秉彝成立治丧委员会，此后的多次反帝活动，李硕勋更是踊跃参与。在这场轰轰烈烈的反帝爱国运动中，由于李硕勋在校积极工作，并表现出过人的领导能力，便代表上海学生联合会参加第八届全国学生代表大会，被推选为全国学生联合会的会长。

然而，李硕勋并不仅仅是一名学生运动的领导人。在此后的革命斗争中，他还成长为一位成熟的军事活动家。1926 年秋天，李硕勋刚刚参加完在广州召开的第八届全国学生代表大会，便奉命回到武汉，被派到由叶挺独立团扩编的国民革命军第二十五师任政治部主任，参加到大革命的军事行动当中。

1927 年春天，李硕勋随第二十五师参加北伐，到河南南部讨伐奉系军阀，消灭了部分反动军队，成功地将奉系军阀赶过了黄河以北。后来由于武汉形势不稳，李硕勋又奉令带领部队回到武汉。此后，又被调去东征，声讨蒋介石发动的四一二反革命政变，在江西九江附近

李硕勋烈士雕像

李硕勋故居

李硕勋与赵君陶

驻防。

南昌起义练智勇

1927年，蒋介石和汪精卫相继叛变革命，疯狂屠杀共产党人和革命群众，革命到了危急关头。7月中旬，中共中央临时政治局常委会断然决定：将党所掌握和影响的部队在南昌集中，准备起义。

根据聂荣臻同志传达的前敌委员会的指示，李硕勋、周士第他们利用部队睡午觉的时机，以“打野外”为名，甩开师长李汉魂身边的少数部队，将二十五师的大部分队伍拉出驻地，部队于8月2日凌晨到达南昌，与南昌起义部队会合。二十五师重新整编，补充了七八百名青年和一些党团员骨干，新编二十五师下辖七十三、七十四、七十五三个团，由李硕勋任党代表，周士第任师长。

由于形势紧张，起义部队决定南下。因为妻子赵君陶尚在病中，又有身孕，不可能随队行军，李硕勋只好安排她迅速离开南昌，返回上海。对此，李硕勋的好友阳翰笙有一段回忆：“那时我们两家家眷都住在南昌城里。我见到硕勋已是傍晚时分，他没有带我回家，而是召开小型干部会，仔细、周到地布置第二天的行军任务。随后，他又到士兵中去和他们谈话，检查行军前的准备工作。他和士兵那种无拘无束、亲切随便的样子，使我深深感到这个党代表在部队是扎了根的。直到深夜，我们才偕行回家。”

队伍开拔前一天的晚上，赵君陶对李硕勋说：“你放心去吧，我会坚强的，要不是我怀有身孕，行军不便，我真想与你们一道出征。祝革命成功，祝我们胜利，后会有期。”第二天一早，李硕勋告别妻子，带部队南下。

当周士第、李硕勋率领的部队赶到指挥部时，战斗已经打响。周恩来和蔼地看着面前这两位满身泥水的青年指挥员说：“虽然部队现在很疲劳，但是会昌一定要打下来，你们有没有把握呀？”李硕勋和周士第一致表态：“我们向党保证，一定打下会昌！”二人回到师部，立即召开了战前动员会。

8月24日早上，起义军向驻守在会昌城外的敌军发起了总攻击。朱德率领的部队首先发起进攻。激烈的战斗从早晨一直打到下午，双方相持不下。这时，二十五师赶到，立即投入了战斗。26日，二十五师和二十四师又击退了由洛口墟方向前来支援的敌军，歼敌两个营，缴获几百支枪。会昌战斗获胜，叶挺、聂荣臻传令嘉奖二十五师及李硕勋、周士第、游步仁等指挥员。

血战南岭不畏死

本来按计划起义部队打下会昌以后，应该翻越广东、江西交界的筠门岭，然后下梅县、惠州，占领东江流域，与海陆丰农民运动结合。因考虑到会昌一战下来，伤员很多，而筠门岭山高路险，带上七八百名伤员，行军困难。由于运输不便，给养也成问题，于是部队做出了向福建挺进的决定。

9月3日，部队翻过武夷山。9月18日，二十五师到达广东省大埔县的三河坝。三河坝是梅江、汀江、梅潭河的交汇处，战略地位十分重要。

在会昌城被打败的钱大钧部，收集残兵败将，向留守在三河坝的二十五师发起了攻击。李硕勋冒着枪林弹雨，亲自到前沿阵地指挥，打退了敌人一次又一次的进攻。晚上，周士第、李硕勋调遣一部分兵力渡过梅潭河，占领制高点，准备夹击敌军。钱大钧部队几次强攻不下，请求调兵增援。当十几只船满载敌兵，企图偷渡登岸时，朱德、周士第和李硕勋商量，部署七十五团先不要开枪，待敌船划到江心，采取“半渡而击”的战术，结果敌军伤亡惨重。

起义军撤出三河坝后，损失惨重，而先头主力部队又被打散，朱德和周士第、李硕勋三人组成前敌委员会，朱德为领导人。前敌委员会分析了当前的不利形势，决定沿闽粤边界北上，再从江西边界“穿山西进、直奔湘南”，再图发展。部队又开始了艰苦的长途行军。10 月下旬，部队到达江西南部筠门岭天心圩。

前敌委员会研究决定，让在上海工作多年，熟悉上海情况，又跟党中央有过联系的李硕勋，立即离开部队，赶赴上海，把部队的情况向中央汇报，请示部队今后的行动方针。李硕勋经过一番化装，打扮成商人模样，依依不舍地离开了部队。

天心圩分别以后，李硕勋的工作由陈毅同志接替。后来这支部队，在大山里打游击，转战广东北部、湖南南部，并发动了“湘南起义”。起义后队伍得到扩大和巩固，由朱德率领上了井冈山，同毛泽东领导的秋收起义部队会合，成立了工农革命军第四军（后来改为中国工农红军第四军）。第二年春天，李硕勋回到上海。

严刑拷打不屈志

李硕勋到达上海后，向党中央汇报了南昌起义军在赣湘粤边艰苦转战的情况，随后被党中央留在上海从事党的白区工作。1928 年 4 月，被党中央派到武汉工作，因被敌人注意无法与党组织接头而返回上海，先后被任命为中共江苏省委秘书长、中共浙江省委常委兼军委书记，后又任浙江省委代理书记。1928 年 10 月 20 日，他的儿子李鹏诞生。1929 年春他再回上海，任中共沪西区区委书记。同年秋改任中共江苏省军委书记，和省委书记李维汉一起领导江苏的武装斗争，发动和领导了苏北的农民起义，把苏北南通、海门、如皋、泰兴等地的农民武装统一改编为中国工农红军第十四军。1930 年任中共江南省委（江苏、安徽、浙江和上海市）副书记、军委书记。

1931 年 5 月，中央决定调李硕勋去中央革命根据地任红七军政委，他愉快地接受任务，取道香港，转赴红七军。当时，中共广东省委设在香港，迫切需要大批干部。为此，省委特别请求中央

李硕勋

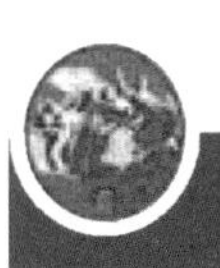

把李硕勋留在广东省委，中央遂任命他为广东省委军委书记。8月，为组织指导海南游击战争，李硕勋在组织的安排下来到了海南，但是没有想到，这里却是他英魂的归处。

1931年8月13日，刚刚抵达海口第五天的李硕勋便在海口得胜沙路的“中民旅店”被捕入狱。他意识到，自己肯定是被叛徒出卖了。

据中共海口市委党史研究室原副主任梁洪文先生考证，在李硕勋到达海南前半个月，曾担任中共海口市委书记的严鸿蛟被捕后变节，还当上了国民党琼崖侦察队的队长，这时的中共琼崖特委、海口市委机关惨遭破坏，不少领导人先后被杀害。严鸿蛟还告诉海南的国民党特务机关：海南的共产党组织受到破坏，中共两广省委不日必将派重要人员来琼，要张网以待，加紧侦察，特别要注意盘查到海口来的外地人。

果不其然，一口四川话，对海南话一窍不通的李硕勋来到海口后，很快引起了国民党的严密监视和关注，加上无法与当地党组织取得联系，而国民党琼崖当局已经张大抓捕之网，他的处境之艰难可想而知。

李硕勋被捕入狱后，狱中党支部十分关心他的情况，先是发动党员利用策反过来的十多名狱卒，随时了解李硕勋的状况，并借站岗的机会，往外送情报。然后，支部书记冯尔芳曾用密写方法给中共琼山县委写信，设法从速营救，但由于当时环境恶劣，狱外的党组织处境也非常艰难，根本无法搭救李硕勋。

李硕勋被国民党当局审讯时，开始就一口咬定：“我是共产党员李陶。”尽管敌人对他百般严刑拷打，两条腿骨都被打断了，但李硕勋没有丝毫泄露党的秘密，也无法从他口中问到任何信息。

每次遭受酷刑后，狱中党支部的难友们都会过问他的伤情，李硕勋则乐观地鼓励大家：“要革命，就不要怕艰难，就不要怕死，要努力奋斗，黑暗终究过去，胜利将会到来！”他知道自己的时间不多了，因此，便不放过每天与同志们在一起的机会，讲革命形势，宣传革命道理，鼓舞难友们与国民党作不屈不挠的斗争，后来，狱中的这四十多名共产党员，没有一人叛变革命，坚持到1939年终获释放。为了不连累家乡庆符县的亲友，李硕勋还在狱中将自己的籍贯改为“四川宜宾”，并改名为“李世勋”。

天涯海角留英魂

1931年9月初的一天，敌人用箩筐将腿骨已被打断的李硕勋，抬到海口东校场刑场准备将其杀害。“打倒蒋介石！”“打倒国民党反动派！”在敌人扣动扳机之前，李硕勋高声呼喊，从容就义。

郭沫若对李硕勋的遗书给予了极高的评价：“从容就义，慷慨临刑的精神跃于纸上，使千百代人见之，亦当肃然起敬。”李硕勋英勇就义一段时间后，赵君陶才在国民党出版的广州《民国日报》上，看到丈夫被杀害的消息，并将这段消息剪下来，收藏了几十年，一直到她离开人世。

据赵君陶后来回忆，李硕勋牺牲时，李鹏才三岁，他在遗书中提到要“善育吾儿”，没有提到女儿。其实那时她已怀上第二胎，还没有告诉李硕勋，所以他不知道还有个女儿，1932年，也就是李硕勋逝世的第二年，李琼才出生，是个

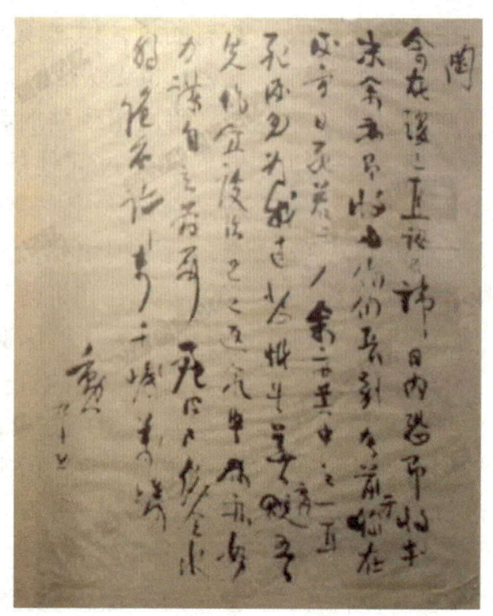

李硕勋遗书

没见过父亲的遗腹女。

李硕勋在海南从事革命斗争活动的时间很短暂，但后世对他的革命勇气和党性原则给予了充分的肯定。中国人民解放军后勤工程学院的丁道广先生，在他的《论李硕勋对我军政治工作的贡献》一文中写道：“中共两广省委决定派李硕勋去海南岛策划游击战争，而他不会讲广东话，更听不懂海南话，在海南岛又无任何社会关系作掩护，到那里去搞秘密工作，开展武装斗争，是非常危险的，但他以党的利益为重，不顾个人安危，坚决听从组织的安排，赴汤蹈火，万死不辞，表现了一名共产党员坚强的组织纪律性。”

李硕勋在海口市东校场从容就义时年仅二十八岁，他以短暂的生命，在党的早期学生运动、创建红军以及白区工作中都写下了不朽的篇章。重温李硕勋当年如火如荼的战斗生活和英勇战斗的光辉历程，对我们是一次真正的精神洗礼。

（本文选自《晶报》）

潜入军统电台的巾帼英雄

文 / 时　锋

在中国共产党的隐蔽战线上，年仅十八岁就打入国民党军统局内部的张露萍是一位贡献卓著的巾帼英雄。

张露萍，曾用名余硕卿、余慧琳、黎琳等，1921 年出生于四川省崇庆县（今崇州市）。1937 年在成都读中学的张露萍，参加了共产党的外围组织“中华民族解放先锋队”四川总队，积极投入抗日救亡宣传活动。1937 年 11 月，在中共川西特委负责人车耀先和党组织的帮助下，张露萍奔赴延安，先后就读于陕北公学和抗日军政大学，1938 年 10 月加入中国共产党。

张露萍在抗大学习时改姓母亲的姓，取名黎琳。她学习用功，性格活泼，爱好唱歌。每次全校齐集操场时，各大队都要互相拉歌，她指挥三大队唱《干一场》这首歌，歌声整齐有力，博得全场掌声。

1939 年张露萍结业后在延安文联担任秘书。这年初秋，她与原抗大学员李清（中华人民共和国成立后曾任中华人民共和国交通部部长）结婚。结婚不久，组织上秘密分配张露萍到重庆八路军办事处工作，她坚决服从组织分配与丈夫告别。

1939 年秋天的一个夜晚，重庆曾家岩的八路军办事处，来了两位不速之客——国民党军统电台的军官张蔚林和冯传庆。

张蔚林出身于江南士绅家庭，读书时深受一位进步教师的影响，可是这位教师却被国民党特务杀害了。张蔚林怀着抗日救国的志愿考入杭州无线电训练班，毕业后被派到皖南敌后潜伏。在敌后，张蔚林亲眼看到共产党领导的新四军坚决抗战。

冯传庆毕业于上海南洋无线电技术学校，在交通部系统的威海电台、天津电台工作。由于擅长从纷乱的无线电讯号中排除干扰，被国民党军统局看中，调到重庆任军统电讯总台的报务主任。张蔚林和冯传庆因工作而相识，因信仰而相交，两人无话不谈，决心一起投奔延安。于是，两人结伴冒险来到重庆曾家岩八路军办事处。

曾家岩位于重庆市郊的一处红色岩石之上，又称红岩。这里的机关对外称“八办”，对内是中共南方局，领导着西南、华南的中共地下组织。南方局军事组组长叶剑英接待了这两位军统军官，决定让他们继续留在军统内工作，获取情报。

国民党军统电讯总台设在重庆两路口浮图关下的遗爱祠，是个由美国援建的现代化电讯中心，从这里发出的电讯，指挥着其在海内外的数百个秘密情报组织、数十万秘密特工。冯传庆在电讯总台的职位仅次于台长，管辖军统在海内外的数百部电台和上千名报务人员。冯传庆的位置可以掌握军统的核心秘密，而张蔚林任职的重庆卫戍区电讯监察科，则负责监听重庆地区的无线电信号，控制无线电器材，正可以保护重庆地区的共产党秘密电台。他俩组成了中共潜伏在国民党军统之中的情报小组，其作用十分重要。

1939年10月，中共中央社会部决定派余家英到重庆，而中共中央南方局军事组由叶剑英领导。叶剑英决定派黎琳去做国民党军统机关电台人员的工作，获取国民党军统的情报。当时，南方局给她规定了三项任务：一是领导已在军统机关内部的张蔚林、冯传庆；二是直接与南方局联系传递情报；三是相机在军统内部继续发展党员。为了便于工作，不致引起敌人注意，组织上决定她以张蔚林“妹妹”的身份作掩护，化名张露萍，并让张蔚林从军统宿舍搬出来，以“兄妹”的名义和张露萍一起住在牛角沱的两间平房里。

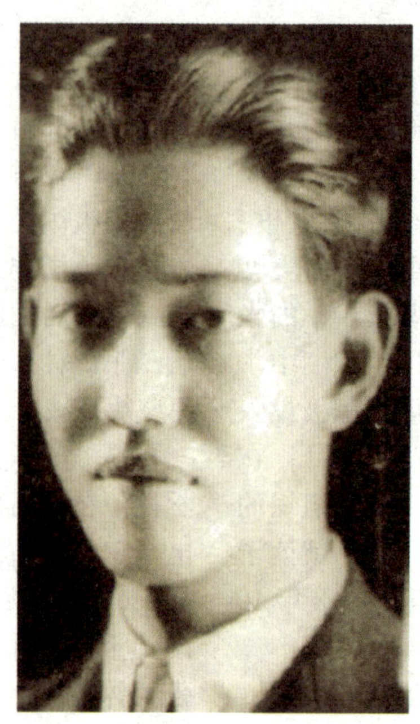
冯传庆烈士

张露萍担任中共在军统局的秘密党支部书记。他们白天分头工作，晚上秘密聚会，交流情报。张露萍还负责与中共南方局的共产党员联络，把同志们从军统机关截获的重要情报送到南方局。他们在艰苦的环境下发展了党的组织，秘密支部成员达到七人。就这样，年仅十八岁的张露萍和她的战友们，如同一柄出鞘的利剑，插入了国民党的心脏。他们憧憬着胜利的曙光早日闪现，临危不惧地工作着。

从1939年秋到1940年春的半年中，张露萍他们多次获得了军统重庆电讯总台的密码、波长、呼号、图表和军统在全国各地秘密电台的分布情况。与此同时，延安电台也不断收到在军统电讯总台工作的共产党员冯传庆利用电台值班间隙发出的密电。

一次，从戴笠发给胡宗南的密电中获悉军统准备派遣一个“三人小组”，携带着美制小型电台，通过胡宗南防区，潜入陕甘宁边区搜取情报，这个密令被张露萍等传送给南方局，南方局直告中共中央。结果，“三人小组”刚跨入边区地界，就被早已埋伏在那里的军民抓获，美制电台成了战利品。

同年4月，设在天官府街十四号的中共地下联络站被军统特务发觉，他们采取放长线钓大鱼的手段，准备在该站进行联席会的那天晚上，更多地抓捕共产党人。由于这个情报送来得较晚，张露萍无法让别人去通知，只好自己乘夜色走出牛角沱，直接找到天官府街（按规定这是不允许的），递上一张“有险情，速转移”的字条，便匆匆离去。

军统破坏中共地下联络站的计划落

张露萍七烈士纪念碑

张露萍与同学的合影

张露萍等七烈士殉难处

张露萍烈士在息烽集中营义斋被囚禁处

张露萍

空了，戴笠却从中发现了问题，为什么我的秘密行动风声走漏得那么快？为什么中共的准备又是那么充分？难道我军统内部有人资敌通敌？想到此处，他倒吸一口冷气：好厉害的共产党，竟然在我眼皮底下安上炸弹！戴笠的猜想没有错，张露萍领导的特别支部，除原有的张蔚林、冯传庆之外，又发展了赵力耕、杨洸、陈国柱、王席珍等四人为地下党员。这样一来，机房、报务、译码等组（室）全有了共产党的眼线，消息哪有不走漏之理？

戴笠情急之下，立即和督察室主任刘培初密商，要对全局人员进行一次普审，尤其是电讯、机要处室，不论是头头还是一般人员，发现反常或可疑，一律先拘后审。

事有凑巧，张露萍这天在街上碰到大姐余顾彦，得知母亲生病瘫痪在床，大姐此次来重庆为母亲买药。母亲生病，女儿哪有不动心之理，经组织批准，张露萍于1940年4月初，回成都去省亲。

不料在此期间，张蔚林出事了。由于连续工作，收发报机上一支真空管被烧坏，正在进行全面审查的监察科长萧茂如平时和张蔚林的关系就不好，便想借机报复一下，于是说张蔚林是有意破坏，遂把张蔚林送到稽查处关了禁闭。张蔚林以为事情败露，沉不住气，竟从禁闭室逃出，跑到重庆八路军办事处去躲避。组织上认为，这是工作上的过失，最多受点处分，张蔚林应该立即回去找领导检讨此事。于是张蔚林准备回去找电讯处副处长董益三求情。

张蔚林逃离禁闭室之后，戴笠产生了警觉，不仅立刻派人四处追寻，同时搜查他的宿舍，结果搜出一个记有军统局在各地电台配置和密码的记录本、张

露萍的笔记及七人小组的名单，待张蔚林来求董益三时，即刻被捕。在报房值班的冯传庆得信后，翻墙逃出电台大院到八路军驻重庆办事处报信。叶剑英见情况紧急，立即让冯传庆化装成商人，安排他深夜过江去延安，并向成都发电报，通知张露萍就地隐蔽，莫回重庆。可惜，此电报晚了一个时辰，戴笠已借张蔚林名义，给张露萍发了“兄病重，望妹速返渝”的电报。张露萍不知是计，接到电报后，一面用暗语写信向南方局报告，一面启程返回，刚到重庆就被特务逮捕。而冯传庆渡江以后，也被埋伏的特务抓获。这样，包括杨洸、陈国柱、王席珍、赵力耕在内的“牛角沱七人小组”全部被捕。这就是当时震惊国民党高层的“军统电台案”。

在看守所里，因毛烈（戴笠的小老乡）与张蔚林等认识，而且毛烈不清楚张蔚林案情的具体情况，于是张露萍就要张蔚林利用这个机会送五十块大洋买通毛烈，请他送一张纸条到重庆中二路中共南方局的一个秘密机关。毛烈收下钱后，果然照办。等戴笠派特务去搜捕时，我秘密机关已人去楼空。戴笠为此气得暴跳如雷，下令将毛烈枪决。

“军统电台案”发生后，军统方面万分震惊，他们万万没想到共产党已经打入到军统里面来了，他们怀疑张露萍是南方局派来的，便故意释放张露萍，并派人暗中跟踪。但机智的张露萍识破了敌人的阴谋，从曾家岩五十号前通过时，从容不迫，碰到自己的同志就假装不认识，迷惑敌人。戴笠更为恼怒，他亲自出马，提审张露萍，想从她身上打开缺口。尽管戴笠用尽各种酷刑，却一无所得，张露萍始终没有招供。随后，他们被转押到贵州息烽集中营，在以罗世文为书记，车耀先、韩子栋、张露萍等为支委的中共秘密支部领导下，难友们同军统特务进行了长期艰苦卓绝的斗争，“……我们在血海中新生，我们在血海中迈进，今天，胜利正展现在我们眼前，我们要准备着更大的牺牲，去争取前途的光明！”

最后，戴笠只得以“和重庆地下党有联络”为由，判处张露萍等七人死刑。1945年7月14日，敌人把张露萍与张蔚林、冯传庆、赵力耕、杨洸、陈国柱、王席珍七人押上刑车。通向刑场的路上，张露萍领着战友们高唱《国际歌》，悲壮激越的歌声表达了共产党员视死如归的大无畏气概。刑场上，张露萍和战友们用尽全身的最后力气高呼：“打倒国民党反动派！”“中国共产党万岁！”党的好女儿张露萍壮烈牺牲，年仅二十四岁。

张露萍于1940年被捕后，组织上当时不了解她的去向，负责跟她单线联系的党组织负责人又调离了重庆八路军办事处，张露萍便与组织上失去了一切联系。当时抗大同学中还误传张露萍叛变的消息，因为有一个抗大同学在重庆街头曾看到她与一个国民党军官（实际上是地下党员）挽手同行，就误会了。另外，中华人民共和国成立后有关部门在清理息烽集中营烈士名单时，她又被误认为是国民党军统特务人员，遭受不白之冤。

“文革”后中央决定对所有被捕人员重新进行复查，张露萍就义时的狱中难友强烈要求为张露萍平反昭雪，终于在1983年，中央决定追认张露萍同志为甲级烈士。兰健同志说，此时我们才知道张露萍烈士就是与我在抗大同班同学的黎琳。

兰健同志还说，现在可以告慰张露萍烈士的是，她的英勇事迹，已经在烈士纪念馆展览，同时有不少人写文章和创作文艺作品纪念她，怀念她。在1985年她就义四十周年之际，她的丈夫李清同志在贵州省委领导陪同下，亲自到息烽快活林张露萍的墓地，举行了隆重的扫墓仪式。后来，又由中共党史出版社出版了《张露萍烈士传略——七月里的石榴花》，兰健同志为这本书写了序。她在序中写道：“我们希望这本书能够将张露萍怎样从一个富贵人家的小姐（父亲是国民党军队的一个师长），成长为一个坚贞的革命者的全过程告诉人们，这对我们年轻一代去追求完美的人格和理想一定有所裨益。”

（本文选自中国共产党新闻网）

有一口气就要跟部队走

文 / 欧阳平

欧阳平

欧阳平（1916 年—2014 年），江西兴国人。1931 年加入共青团，1932 年参加中国工农红军，同年转入中国共产党。土地革命战争时期，任中央干部团政治教员、红军大学政治教员、连指导员。抗日战争时期，任抗大一分校政治部科长、山东纵队第四旅政治部主任。解放战争时期，任山东军区第四师政治部主任、华东军政大学政治部主任、第三野战军三十三军政治部主任。中华人民共和国成立后，任上海警备区副政委兼政治部主任、南京军区炮兵政委、公安部队副政委、成都军区副政委。1955 年被授予少将军衔，是第五、第六届全国政协委员。

1935 年 3 月，我在中央军委干部团一营三连任政治教员，刘剑任连长、汪东兴任指导员。红军第四次渡过赤水后，于 3 月 31 日夜第二次强渡乌江。4 月 2

日，我随部队行至离乌江渡场不远的地方，开始发烧。

这天下午，部队渡乌江。江岸两边山高路陡，上下各十里远，正常人行走都感到吃力，对于突然患病的我来说，其难度可想而知。卫生员罗绍钦和连部临时派的两个学员有时搀扶我，有时背我，昏昏沉沉的，不知走了多长时间，直到天黑才到达宿营地。我自己病痛难忍，又让同志们为我受累，我伤心地掉下了眼泪。连长、指导员安慰我："乌江胜利地渡过来了，前面二百多里就是贵阳城。为冲破敌人的封锁，上级指示随时准备作战，要严守纪律，不能掉队。营首长还专门指示，要想尽一切办法让你跟上来，明天我们派学员用担架抬着你走，今天晚上一定要吃饭，要睡好觉。"我被疾病折磨得疼痛难忍，精疲力竭，饭吃不下，觉睡不着，但连长、指导员的一席话，让我这个出身穷苦的孩子倍感温暖。

第二天天未亮，队伍就出发了。汪东兴指导员带着一个班和卫生员负责收容任务，他指着地上临时绑扎的一副担架，要我躺下由学员抬着，又吩咐另两名病情较轻的学员跟着一块走。我想，学员们长途行军，负载又重，还要执勤打仗，已经非常疲劳，我怎能忍心让他们抬着走呢？我坚持不坐，拄根棍子跟着走。干部团担任侧翼行军警戒、掩护中央纵队的任务，部队行走如飞，我们很快就掉队了。天刚亮，汪指导员很着急，不容分说，硬是把我按到担架上，抬起就走，我只得听从安排。由于上山下山，加上学员们从未抬过担架，十分疲劳，我躺在担架上很不好受，再三恳求后，下了担架慢慢行走。于是，在同志们背着或搀扶下，我走走停停。大部队川流不息地从身旁经过，我却步履艰难，心急如焚。

下午6时，到达一个村子，我们看到有部队驻扎，便上前打听，得知是三军团团部在此，我们就进村休息。汪指导员直接找到彭德怀军团长，打听干部团的宿营地。彭军团长对汪指导员说："天太黑，病号又走不动，干部团明天又不出发，今晚你们就在这里住下，待明日天亮后再走。"随即指示卫生部派医生给病号医治。那时，药品比金子还要珍贵，我眼含热泪吃下了兄弟部队医生给的药。在地铺上躺下后，久久不能入睡，想到生病后的经历，我更加感受到了生死与共的战友之情。此时，我只有一个信念：宁愿在战场上牺牲，也不能因负伤或生病离开部队，只要还有一口气就要跟部队走。

1937年6月，欧阳平在庆阳红军教导师

红军强渡乌江

红军“强渡乌江”大型浮雕

天亮了，我们告别三军团继续前进，至上午8时多才找到三连驻地。连长、指导员要我骑马行军，他们派两个学员从土豪家里牵来了一匹黄马，还准备好了鞍子。我心中对连长、指导员充满了感激之情。

过了乌江后，走走停停。“难道我们真要打贵阳城吗？”我在病中这么猜想。后来才明白，这是毛主席善用的声东击西的战法，用佯动、佯攻迷惑、摆脱敌人，以利我红军大踏步前进。4月8日下午，队伍出发前，刘连长在队前动员说：“今晚要通过贵阳、龙里之间的公路，也就是敌人的封锁线。行程九十里，大家要随时准备战斗，注意遵守行军纪律，要发扬互助精神，千万不能掉队。”转身又对护理我的同志嘱咐道：“要帮助欧阳教员紧紧跟上，辛苦一点，不要出差错。”部队行进中依稀能听到贵阳与龙里两个方向传来的枪炮声。我们心里有数：这是我军在对贵阳实施佯攻。

部队进入云南后，我骑的那匹黄马被敌机炸死，这让我难过了好一阵子。后来，我的病开始渐渐好转，不过仍很虚弱，为了尽快恢复体力，我坚持自己做事。同志们依旧非常关心我，凡连里打土豪没收的鸡，炊事员总要给我多吃些，战友们也舍不得吃，都往我碗里拨。没了马后，我们每天要行走百八十里，渡金沙江时一天竟急行一百八十里，虽掉了一段路，但我最终赶上来了。

（本文选自《解放军报》）

毛泽东接见欧阳平

长征铁流劲旅中的巾帼英雄

文 / 邓六金

邓六金

邓六金（1911 年—2003 年），福建上杭旧县乡新坊村人。1929 年加入少年先锋队，参加本地农民运动。1931 年加入中国共产主义青年团。1932 年转入中国共产党。1934 年参加中国工农红军，是中央红军中参加过长征的三十位女红军战士之一。历任上杭县委妇女部部长、福建省委妇女部部长、中共中央妇女部部长、国家机关事务管理局办公室副主任，曾当选全国妇联执委，是第五届全国政协委员。

1934 年，中国工农红军一方面军开始长征。在这支铁流劲旅里，有一支特殊的队伍——三十名红军女战士。她们的非凡经历和行动，向世人表明了中国女性的坚强和伟大。

10月的一天，我们来不及做什么准

备就匆匆出发了，离开了革命红都瑞金，离开了那深深依恋的土地和人民。我们含泪而别，踟蹰而行，一步三回头，深情地凝望那为之流血牺牲、奋斗多年的根据地。

刚出发时，我和王泉媛、钟月林、危秀英、陈慧清、李桂英、刘彩香等几名女同志分在卫生部。贺子珍、康克清、邓颖超、蔡畅等是一些首长的夫人，她们被安排在一起。共计有三十名女同志。当时叫战略转移，卫生部带的物品较多，有药箱、担架，连X光机也带出来了，行动非常迟缓。由于我们转移属隐蔽行动，白天不能走，只能夜间行进。天公也不作美，连下阴雨，衣服湿透，道路泥泞，常常摔倒，只能在泥水里连滚带爬。走了一个多月，来到了湘桂边境。由于战事频繁，伤员越来越多，我又被调到担架连任政治战士，负责搬运和照顾伤员。

钟月林

一次，我们在翻越一座大山时，遇到敌人飞机的轰炸，一个抬担架的民夫吓跑了。我看到一副担架孤零零地放在路边，另一个民夫在担架旁急得不知所措，而担架上是一位胸部负伤的团级干部。心想：怎样都不能扔下伤员。于是我忘了自己体弱有病，便抬起担架往前走。山很陡，我只得跪着爬行，膝盖磕破了，肩膀磨出了血，火辣辣的疼，但不能停下，落下队伍是很危险的。下了山之后，我却再也支持不住了，大口大口地吐起血来。民夫和担架上的伤员再也看不下去了，说："女人干不得这个，还是找个男人来。"但荒天野地，去哪里找男人？我吐完血，抬起担架继续追赶队伍。在长征路上，像我一样抬担架的，还有好几名女同志。

照顾伤员也是一件很难办的事。由于缺医少药，一些伤员不能得到及时的救治。我们以女同志特有的细心和耐心，精心地护理伤员，帮他们擦洗伤口、换药、喂饭。一些伤轻的，拄着拐棍自己还能走一段，有的重伤员，根本就离不开担架。如钟赤兵同志，原是一位很优秀的团长，在战斗中被打断了一条腿，他非常顽强，是在没有麻醉的情况下进行截肢手术的。

周恩来副主席指示我们，一定要将他抬走，后来钟赤兵同志是我们抬着走完长征的。伤员同志除了要忍受伤痛的折磨，还常常忍饥挨饿。我们除了要护

从左至右：钟月林、徐文惠（徐海东之女）、邓六金、刘英、谢飞、陈兰、王定国

理伤员，还要筹措粮食，有时筹不到粮食就得饿肚子。

在长征中，我们女同志还要克服生理上带来的麻烦。爱美是女性的天性，由于连连征战，我们一个个衣衫褴褛，蓬头垢面，头上长满了虱子，一到宿营地，有空就捉虱子。我们嫌麻烦，干脆剃成光头。休息时，一些调皮的红军战士偷偷将我们的帽子揭掉，大喊“尼姑，尼姑”取笑我们。

长征中的红军女干部（左起：陈琮英、蔡畅、夏明、刘英）

长征途中，有几位女同志还经受了分娩的痛苦和磨难。周子昆的爱人曾玉是第一个遭受这种苦难的女性。她是1928年参加湘南暴动的共产党员，曾随毛主席、朱德参加了创建井冈山革命根据地的斗争。在江西苏区时就已怀孕，长征出发时本没有她，她是怀着身孕偷跑着追上红军长征队伍的。一路上，我们精心照护着她。翻越老山界时，我见她走路很吃力，就搀扶着她爬山。爬过山不久，她就生产了。没有吃的，我们就采来豌豆苗熬汤给她喝。蔡畅大姐知道后，把自己仅剩的一点小麦面拿来放在豌豆苗里一起熬面糊糊给她们母子喝。

在长征路上生产分娩的还有贺子珍、陈慧清，而最遭难的要数贺子珍大姐了，她生产后不久又遇到了一次空袭。那天傍晚，我们正在一个树林里休息，敌机来了，我们赶忙跑到路边的沟里躲避，一颗炸弹正好落在贺大姐身边爆炸，贺大姐倒在血泊里。我当时离她只有一米多远，赶忙跑过去，只见贺大姐遍体鳞伤，脸色苍白，不省人事，我们赶快组织抢救。这时，毛泽东同志赶来了，他俯下身，深情地注视着妻子，我们在一旁不禁落了泪。毛主席把他自己的担架留下来，给贺子珍同志用。事后我们得知，贺子珍大姐身上中了十七块弹片，一直到她后来1984年去世，脑颅里仍残留着几块弹片。

邓颖超大姐在江西苏区时就患有肺病，身体极度虚弱，一路上也吃了不少苦。吴仲廉同志是一双小脚，但爬山走路从不落后，真不敢想象她是怎样用一双小脚走完二万五千里长征的。

长征路上，我们与千千万万的红军一样，爬雪山，过草地，冒酷暑，蹚江河；啖草根，嚼树皮，历尽艰辛，经受了生与死的考验。在翻越第一座大雪山——夹金山时，只见漫山遍地全是雪，连棵借力爬山的草都没有，常常走一步退两步。山上空气稀薄，憋得脸发青，我亲眼看见一个个战士倒下去后就再也没有爬起来。下山时，我再也坚持不住了，往地上一躺，滚到了半山腰，才爬起来跌跌撞撞地赶路。过草地也如此，千里草地就像一块大“魔毯”，一时乌云翻滚，一时又大雨倾盆，好像随时要把我们吞没似的。草底下是一片终年不干的积水，河沟交错，泥潭深不可测，水像生了一层红锈一样，散发着腐臭气味。走路得寻着草根，要不然陷进泥潭，很快就把你吞没。我们在草地上摇摇晃晃地走了一个多星期，才走出了草地。

长征艰苦的生活，恶劣的环境，既是对一个革命者生死的考验，也是信念与意志的磨炼。当时我们抱定了一个信念，跟着共产党走，为共产主义事业奋斗到底。

我们三十名女同志，除了三名同志途中留在当地开展革命工作外，其余二十七名同志都走完了二万五千里长征。尽管我们这些姐妹后来有的客死异乡，有的漂泊流离，与党失去了联系，但没有一个叛党变节的，至死保持了对党的忠诚，保持了一个革命者崇高的革命气节和坚强意志。长征女红军，不愧为20世纪中国女性的杰出代表。

（本文选自《中国青年报》，作于1996年）

母女“狼窝”历险记

文 / 马洪中

1944年秋，根据党中央指示，广东琼崖抗日游击队独立总队改编为广东琼崖抗日游击队独立纵队（以下简称“琼纵”），我父亲马白山任第四支队支队长。纵队奉命转战儋县白马井、白沙县阜龙地区，巩固原有根据地，相机向白沙腹地挺进发展。那时，任随队军医的妈妈唐玲分娩期将近。爸爸马白山与支队其他领导非常关心妈妈的身体健康状况，根据部队任务和当地堡垒户的实际条件，决定不让妈妈随大部队行动，暂时留在临高由堡垒户群众照顾，以便安全度过分娩期。

我军转移后，驻临高县城的顽军游击大队猖狂出动，到处威胁群众，挨家挨户搜查琼纵伤病员。为了保证妈妈的安全，当地壁垒户挑选出两位政治上可靠的妇女，把妈妈转移到村外的竹林里，贴身照顾妈妈待产。顽军游击大队不断派出密探化装侦察，四处打听。

有一天，敌人发现白石岭上有陌生足迹，立即出动大队人马搜山。听到人声嘈杂枪声零散，妈妈判断是敌人出动了，就躲入山沟藏了起来。待敌人撤走后，妈妈和那两位来照顾她的妇女失去了联系。妈妈独自在深山密林里东找西探。大半夜过去了，还是没有那两位妇女的消息，无奈只得在荒草中熬过一夜。次日天刚蒙蒙亮，妈妈起身观察，认出不远处的村庄是我军驻扎过的海孔村，那里的群众是支持琼纵的，于是就打定主意，准备待到傍晚再潜入村中，找壁垒户群众带路回木排抗日革命根据地。好不容易度过不平静的白天，妈妈按照原定计划走出深山，潜进海孔村。正是上灯时分，村里家家户户正在围桌吃晚餐。妈妈来到一壁垒户家中，村民见到妈妈不由分说，即刻拉着妈妈转移，因为村里驻扎了部分顽军游击队。妈妈还没跑到安全地带，就被顽军发现尾追，最终不幸落入魔掌。从被捕的那一刻起，妈妈就不在乎自己的生命，已经做好殉难的准备，在她看来，革命就会有牺牲，为党为民殉难是光荣的。

顽军连夜把妈妈押送到国民党临高县政府领赏，但如何处置妈妈，他们争论不休。国民党县长陈震亚和部分官员认为，唐玲是共产党员，是琼纵的医务骨干，必须枪毙。但顽军游击大队的唐大队长和陈大队长不同意。唐大队长反对的理由是：“我家位于琼纵活动的老区，还有很多亲朋好友在那里居住生活。如果杀了唐玲，共产党必定以血还血，我一家数口性命难保，杀了唐玲等于杀了我一家。”陈大队长反对的理由是：“我曾在与抗日独立队的交战中负伤被捕，是唐玲对我及时施与抢救治疗，才让我从鬼门关走回来。她是我的救命恩人，不能杀。”一位张姓大队长出来圆场说，那就让她长期坐牢终身监禁，县长无奈只好默许了。

顽军士兵把妈妈绑在临时监狱的树桩上，岗哨林立，戒备森严。为了从妈妈口中得到对他们有用的东西，软硬兼施。他们先来硬的，对妈妈严刑拷打，边打边问，打得妈妈浑身是伤。接着是来软的，他们派个叫王龙声的政府官员出面，解除了对妈妈的捆绑，好吃好喝地招待妈妈，然后劝降："唐玲呀，我们是老熟人老乡亲，我劝你不要硬顶着吃亏了。我帮你想了个跳出苦海脱离死难的办法，那就是你修书一封，让你的男人马白山及同伙，弃暗投明回到党国这边来，共同反共抗日……"，妈妈打断王龙声的话，说："你们抗日？那你们向日本鬼子开过几枪？日本鬼子登陆海南时，是谁在潭口阻击？不正是琼崖抗日独立队吗？在罗板桥、永兴、长治公路歼灭日军的是谁？不也是琼崖抗日独立队吗？"王龙声狼狈不堪，撕下了伪善的面具，声嘶力竭地喊："唐玲，你不要执迷不悟，到底给不给马白山写信？"妈妈坚定地回答："要信没有，要命有一条！"王龙声垂头丧气地看了妈妈一眼，灰溜溜地离去了。看守妈妈的哨兵悄悄对妈妈说："他们暂时不敢把你怎么样。唐大队长对姓唐的弟兄们很关照，我们这个大队有很多姓唐的，恰好你也姓唐，弟兄们都认识你。村民都说你是好医生，救死扶伤，救治过不少伤病员，医好不少百姓，他们都在暗地里保护你呢。"

1944年12月31日夜晚，妈妈捂着肚子叫声不断。那个看守的哨兵见此情状，知道妈妈可能是要分娩了，急忙跑去向陈大队长报告。没多大一会儿哨兵就带着个女仆满头大汗地赶回来，两人急忙解开捆绑妈妈的麻绳，架起妈妈快步向河边的草棚走去。妈妈到了河边草棚躺下不久，就分娩生下了一个女孩——就是我。看着稚嫩细润粉嘟嘟的我呱呱坠地，妈妈又欢喜又发愁，自言自语说："妈妈遭难，你同遭难；妈妈坐牢，你同坐牢；妈妈饥寒，你也饥寒，真是苦命的孩子。"她自己处理脐带后，没有热水给我擦身，就撕下衣服袖口，沾着冰冷的河水，哈口热气，给刚出生的我简单擦擦抹抹，然后脱下自己的内衣给我穿上，并把我紧紧抱在怀里取暖。被妈妈救治过的陈大队长还算有点人性，派女仆送来一床军被和一块花布。丁点大的破草棚，既不能遮风又不能挡雨。妈妈为防止我着凉生病，不顾生产后身体虚弱，就近抱来枯茅草，为我们母女俩铺了个厚实的地铺。

漫漫长夜，妈妈搂着我躺在厚厚的杂草上思绪万千。她想着率领抗日队伍英勇冲杀浴血天涯的爸爸，思考着自己如何逃出狼窝重返部队。刚出生的我好像十分懂事一样，静静地躺在母亲的怀里，终夜不哭不闹，倒是把一旁陪同的女仆吓一跳，以为我夭折了。妈妈动手把那块花布撕了，拿起看守送来的针线给我缝了两件衣服。然后给我穿上。妈妈产后身体虚弱，极度缺乏营养，根本挤不出奶水，看着醒后饿得哇哇直叫的我，她只能将女仆送来的一点稀饭嚼成米糊，一点一点地喂我，维持我的生命。女仆说："这孩子生得很顺利，长得很好看，以后应该也是共产党的好后代。"妈妈问："你也拥护共产党吗？你们村里有没有共产党，或者琼纵的人？"女仆说："不知道有没有，我也说不上拥不拥护共产党，但我觉得琼纵比国军游击队好。"

顽军游击大队几乎两三天就要转移

海口琼山区工农红军琼崖纵队改编旧址

定安母瑞山革命根据地纪念园

海口解放后，第十五兵团和琼崖纵队首长在海口五公祠的苏公祠门前合影（前排从左至右：张池明、冯白驹、邓华、韩先楚、李作鹏）

一次，而且都是夜间行军。他们转移时，都会强迫“囚犯”们跟着转移。妈妈抱着我随着成群的“囚犯”步履蹒跚地赶路，天黑路滑，被颠簸摇晃得难受得我哇哇大哭。匪兵们就恶骂，胁迫妈妈把我扔了，免得暴露目标让他们遭殃。妈妈只好忍气吞声，在我哭时用布团塞住我的嘴巴，憋得我脸青胸闷，有次差点断了气。

1945年初，我军第四支队在临高一带活动少了，此时国民党临高县政府及其游击大队东躲西窜得少了，在村子里驻扎时间相对稳定，妈妈有了同群众联系的机会。当时妈妈的想法是，先想方设法将我托给群众代养，然后她再寻找机会逃出“狼窝”。

不久，机会来了。顽军游击队由陈大队长率领，转移到群白村驻扎。这个村庄离我姨妈家很近，村里的群众都认识我妈妈，而且很友善。妈妈打定主意，巧妙地对陈大队长提出：“孩子我带在身边，有时会哭啼吵闹，随军转移时容易暴露目标，影响你们军事行动。我愿意将孩子送给村民抱养，避免这个麻烦。”陈大队长想了想觉得有道理，行军打仗队伍里有个孩子也是累赘，就答应了。妈妈通过一个信得过的大婶，借到邻村走亲戚为名，找到了我姨妈，把妈妈的计划，还有接应的时间地点方式告诉了姨妈。那天夜里，姨妈委托唐家兴叔叔来村边接我。妈妈把我包裹严实，抱着我怜惜地说：“好女儿，你要在姨妈家好好长大，等待回到爸爸妈妈怀里的日子。”我好像也知道难舍难分，哇哇地哭了起来。妈妈抱着我亲了亲说：“好女儿乖乖，不哭，笑一个。”我竟然像听懂了妈妈的话一样，笑了起来。妈妈把我转交给唐家兴叔叔，让他把我带走了。就这样，我先离开了“狼窝”，妈妈也养精蓄锐，继续找良机做好逃出“狼窝”的准备。

一天上午，唐大队长的卫兵悄悄问妈妈：“你认识符宗仁吗？”符宗仁是当地党组织的负责人，妈妈肯定认识，但不知道那卫兵的用意，就说不认识。那卫兵继续说：“他就是这边共产党的头头。他曾经动员我参加抗日独立队，但我怕苦怕打仗，就没答应他。”妈妈说：“抗战就要全民参与，抗战就是要打仗，就是要能吃苦。不过支持拥护抗战部队打日本鬼子的人，也是对抗战有贡献的人。比如给抗日部队送情报，也是很重要的。如果怕打仗，又不支持人家抗战，那就不好了。”那卫兵想了想妈妈说的话，觉得有道理，弯腰在妈妈身边说：“你给符宗仁写信，我帮你送出去。”妈妈将信将疑巧妙地说：“我不认识他，也没有什么信可写。你如果能见到他，就说说这里的情况吧。”三天后，那卫兵又来找妈妈说：“我把情况提供给符宗仁了，他写了张条子给你。”妈妈接过纸条一看，其内容是：何时能回家探亲？家里人都外出谋生了。妈妈认出条子的字是符宗仁的笔迹，“家里人都外出谋生了”暗指我部队暂时离开临高到别处作战了。妈妈问那卫兵：“你不怕有人说你通共吗？”那人说：“这是出于良心的秘密行动，谁都不知道，放心吧。”妈妈说：“是呀，做人要有良心，不要损人利己！”

2月底，符宗仁同志派符雷志、唐家兴到绿豆村做工作，在各方进步力量共同努力下，妈妈终于离开狼窝，回到部队。回去时正遇上琼纵部队与敌人打

这是 1950 年人民解放军和琼崖纵队会师在五指山上

了几场大战，救治伤病员的任务很繁重。坐了几个月牢的妈妈尽管身体虚弱，但工作热情不减，夜以继日地在战地医院忙碌着，精心治疗照顾伤病员。

1948 年，我三岁多了，大伯把我从姨妈家接过去继续抚养。临高国民党反动县政府获悉消息后，逮捕了大伯和我。没有任何“罪行”的我，从未出娘胎就陪同妈妈一直坐牢到出世后几个月，这次是“二进宫”，陪大伯坐国民党的牢房。在监狱里，我像小说《红岩》里的小萝卜头一样，没有关在号子里，可以随地走动，饿了就哭，累了就睡，没人管没人问，怪可怜的。后来是村民们卖牛卖地筹凑了几百块大洋，才把大伯和我保救回家。

一直到了冬天，爸爸妈妈所在的琼纵一总队在临高波莲乡活动时，分别四年的我才再次见到妈妈并第一次见到爸爸。爸爸妈妈牵着我的手，慢慢地散步，亲切地嘘寒问暖。因为有作战任务，爸爸妈妈陪我没多久又分别了，直至海南解放后，我才回到父母的身边。每次有假日或空闲时间，爸爸妈妈总是会拉着我，慢慢地散步，讲那些过去的事情，当然讲得最多的是我们母女坐牢的那段经历。

（本文选自南海出版公司出版的《琼崖红色记忆》，作者马洪中系马白山将军的女儿）

父亲江涛战斗在太行山上

文 / 江和平

江　涛

太行山是我国东部地区的重要山脉和地理分界线，位于北京、河北、山西、河南四省、市间。北起北京西山，南达豫北黄河北崖，西接山西高原，东临华北平原，绵延四百余公里，由多种岩石结构组成，是众多河流发源或流经地，储藏有丰富的煤炭资源。太行山绝壁千仞、鬼斧神工，黄河水悬瀑飞泻、汹涌澎湃。太行山地区地形险峻，历来被视为兵要之地。

自 1938 年至 1948 年的十一年间，我的父亲江涛（原名蔡顺田）从一名普通的高中生，成长为我军一名优秀的指挥员，也把他一生中最美好的青春留在了这里。

1938 年 7 月，父亲江涛从延安抗日军政大学第四期毕业后，被选派到延安军委二局谍报参谋训练班学习。同年 12

月从训练班学习结业后，父亲被分配到处于华北抗日前线的八路军晋冀豫边游击纵队司令部任谍报参谋。

机智勇敢的江参谋

晋冀豫边游击纵队简称“边纵”，王树声任司令员、黄镇任政委。边纵一边同日军开展游击战、拔据点、除汉奸、向敌人要钱要枪，一边组织大生产，在太行山区声名大振。父亲在各项工作中积极热情，接受新事物快，受到了组织上的信任与器重。领导经常派他外出工作，十分信任。

父亲刚刚走上工作岗位，对未来充满了幻想，一心想充分地展现自己的聪明才智，把工作做好。但他看到个别老同志好摆“龙门阵”“谈老婆”等问题，颇感厌烦与庸俗，从而对于他们的长处认识不足，虚心学习的决心不够。1939年夏，父亲参加八路军总部的参谋工作会议时，聆听了左权副参谋长关于新老干部问题的报告。之后，刘伯承师长提出“反帮派斗争”，号召新老干部团结。这些政治教育使父亲进一步地成熟起来，克服了清高与自命不凡的思想，注意学习老同志的长处，提高了思想水平和工作能力。1939年9月边纵在直属单位总结工作时，父亲受到了物质奖励。

父亲江涛一生爱憎分明、刚正不阿，但作为军事干部有时脾气较大。1939年在一分区赞皇县境内出差时，为了驮运粮食的事，父亲打了一位他认为消极偷懒的群众，因此在党内受到了严重警告处分，为此他非常难过。在组织的教育下，他认识到了自己的错误，加强了对党的政策和纪律性的学习，并执行了组织上给予的“不能因为受了处分而情绪消沉，相反应该更加积极工作”的指示。在此后的工作中，他不但更加积极努力，也更是谦虚谨慎了。

1939年底，父亲随边纵机关合并到一二九师师部后，最初在司令部侦察科任参谋，1940年2月调八路军新一旅司令部任侦察股长。

一二九师的全称是国民革命军第八路军第一二九师，受中国共产党领导，是中共领导的三个主力师之一。一二九师师长刘伯承、政委邓小平、副师长徐向前、参谋长李达，在太行山区迅速发展到六个军分区和十个旅。在十四年的抗日战争中，一二九师由抗战初期的九千一百人发展到近三十万人，参加大大小小的战斗数千起，歼灭日伪军达四十二万余人，解放县城一百零九座。

父亲江涛任侦察参谋期间机智勇敢、记忆力很强，他对负责管辖的每一处地形情况、标高都了解得非常清楚，每当首长问时便对答如流，连邓小平政委都了解他。在新一旅期间，他还参加了打顽军黎明部、反击独八旅十二团的战斗和在磁县攻打日军茶岗炮楼等战斗。

太行山的父老乡亲是八路军的亲人。父亲讲述过一件事使我终生难忘：在抗战期间，有一次，父亲和战友执行侦察任务时与敌人遭遇。在这紧要关头，一位革命群众掩护他们巧妙地脱离了危险，使他们顺利地完成了侦察任务，但是那位群众却牺牲了！

百团大战受奖励

1939年至1940年夏季，日军集中三十余万兵力对我华北抗日根据地进行了两次大“扫荡”，实施了“以铁路为柱，公路为链，据点为锁”的“囚笼政策”，并实行“凡是敌人区域内的人，不问男女老幼，应全部杀死；所有房屋，应一律烧毁；所有粮秣，其不能搬运的，亦一律烧毁；锅碗要一律打碎，并要一律埋死或投下毒药……”的毒辣政策，企图彻底摧毁抗日根据地。

为了有效地打击日军，1940年8月20日至12月5日的三个半月中，彭德怀副总司令指挥八路军一二九师和晋绥晋察冀军区等一百零六个团共二十余万人兵力，对华北地区的日伪军发动了一次规模最大、持续时间最长的进攻战役——百团大战。这次战役共进行大小战斗一千八百余次，攻克据点二千九百余个，歼灭日伪军四万五千余人，缴获了大批武器和军用物资，破坏了日军在华北的主要交通线，收复了被日军占领的部分地区，粉碎了日军的“囚笼政策”。这次战役沉重地打击了日伪军，提高了八路军的政治地位，鼓舞了抗日军民的斗志，增强了中国必胜的信心。

百团大战期间，父亲江涛参加了破袭邯长路战斗、奇袭壶关小河西战斗和突袭潞城微子镇战斗等。在中秋节前夜袭长治关村机场的战斗中，烧毁日军飞机三架、仓库两座，歼敌数十名。父亲因和群众及地方干部关系好，工作积极，刻苦耐劳，完成任务好，受到了一等奖励。在这以后的长期工作中，父亲一直受到组织上的信赖与重视，发展得较为顺利，提拔得也较快。

奇袭日军长治飞机场

1942年5月，日军再次对我太行山抗日根据地进行疯狂“扫荡”，重点目标是八路军总部和一二九师师部。八路军总部情报处紧急命令驻山西平顺县的八路军一二九师新一旅采取行动破坏“扫荡”。

新一旅副旅长黄新友在山西平顺寺头村召开了紧急会议，参加会议的有任新一旅司令部侦察股长的父亲江涛和太南办事处主任李新农，还有新一旅一团和四分区基干团的团长、政委及地委敌工部的领导等。会议决定奇袭日军长治景家庄飞机场，有效地打击日军空中力量，并迫使“扫荡”我根据地的日军回撤。

会上父亲向黄新友副旅长和李新农主任汇报了日军在长治景家庄机场内由我方派遣的特工和所侦察到的飞机场布局，以及敌人的防御情况。大家仔细地进行了研究，最后黄新友副旅长布置了作战计划，并命令联系太南办事处潜伏在飞机场内的特工，进一步了解飞机场的最新布防情况，做好内应。

5月30日，李新农和父亲在潞城台东情报站又听取了派遣特工对日军长治景家庄飞机场的侦察情况汇报，并将详细情况及时通报了黄新友。

5月31日夜，父亲和战友们在黄新友的精心指挥下，经过激烈的战斗，烧毁了包括轰炸机三架、汽车十五辆、汽

1942年八路军一二九师首长：刘伯承、邓小平、蔡树藩、李达、王树声

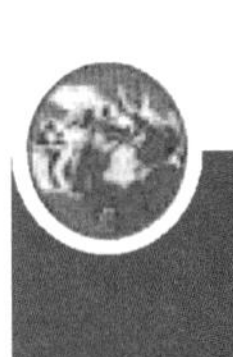

油库一座在内的日军景家庄飞机场，火光照亮了半个长治城。

在奇袭飞机场的同时，我情报人员故意将行动泄露给长治的日军，迫使日军急速调“扫荡”部队返回保卫飞机场。但当日军赶到时，新一旅已经结束战斗，撤到平顺的大山里。这次战斗有效地缓解了日军对八路军总部的军事压力。

建立八路军情报网

1941 年 9 月，为了贯彻党中央《关于调查研究的决定》，中央军委决定在各战略单位成立情报组织。因此，八路军前方总部情报处于同年 10 月在山西辽县（现为左权县）武军寺成立，左权副参谋长兼任处长。情报处的主要任务是搜集敌伪、国民党的军政情报，调查研究其动向，了解各有关方面的具体情况；组织部队人员查明敌伪部队番号、兵种、武器、行动企图、作战地域、地形地貌等，作为党政军领导人决策的依据。

1942 年 5 月，日军对我太行山抗日根据地的八路军总部和一二九师师部“扫荡”时，我军大部分人员得以突围，但左权副参谋长在十字岭指挥战斗中为国捐躯。左权牺牲后，滕代远接任八路军前方总部副参谋长兼情报处处长。

同年 6 月，驻扎在山西平顺寺头村八路军太行军区第四军分区的同志们，对这次反“扫荡”进行了认真的总结。大家都认为工作中最突出的问题是情报不灵。为此，军分区党委指示：调整班子、加强力量，把在军分区任侦察股长的父亲划归太南办事处（太行第四军分区情报处）统一领导。

父亲江涛和太南办事处的战友们充分地施展了情报工作的才能，不仅派遣我八路军的侦察员深入敌人内部侦察敌情，还充分发动群众组成了严密的情报联网组织。他们在驻长治日军第三十六师团的周围地区所有公路旁组织了“观察哨网”，并在长治、潞城、壶关、黎城等敌我交界处设立情报站，发动群众共同监视敌人的行动。为了迅速传递情报，他们还在敌我交界处的观察所安装了与军分区连接的电话。日军一有行动，群众就白天在山头上放倒消息树，夜里点起一堆火，我情报人员迅速赶到观察所，用电话直接向军分区通报。

太南办事处的同志经过长期深入的调查，给伪军、伪警建立了黑红本子，通过他们的家属警告他们，要他们改邪归正，如果做坏事就画黑道，做好事就画红道，如果做三件坏事就处决示众。开始伪军、伪警并不在意，我八路军设法抓住罪大恶极者杀一儆百，他们就收敛多了，不敢得罪抗日群众和八路军。太南办事处的同志还把大部分敌人的情报员都争取过来，使他们成为“白天为敌人，晚上为八路”的“革命两派分子”。

这样到 1942 年底，我军分区做到了消息灵通、耳聪目明，可以有效地应对日军的突然袭击了。1943 年春，日军出动五万人向太行山根据地进行“春季大扫荡”。由于父亲和战友们的情报工作灵活到位，军分区掌握敌情准确，牵制敌人方法得当，转移迅速，有效地避免了损失。

情报网的建立不仅有效地打击了敌人，还加深了八路军与人民群众的深厚感情。太南办事处山西潞城台东村西端的地下情报交通站设在站长李庚鑫的家里，他慈祥的老母亲把八路军都看成自己的孩子。父亲和战友们在情报站开会时，老人家就在外面放哨；父亲和战友们执行任务回来，老人家就端上热腾腾的小米饭，晚上父亲和战友们便睡在老人家烧得暖烘烘的土炕上，真是亲如一家。老人家院子的西厢房专门挖了一个暗道，如果遇到敌人突袭，父亲和战友们便可以从那里安全转移。

六十五年后，李庚鑫的子女们将原情报站的老家院无偿地捐了出来，在潞城市委、市政府，成家川办事处及台东村的乡亲们和老八路后代的共同努力下，建立了“八路军太南办事处纪念馆”，纪念馆成了市级爱国主义教育基地和国防教育基地。

调太南办事处工作

1943年3月，遵照党中央指示，一二九师机关与八路军总部机关合并，下属太行、太岳、冀南、冀鲁豫等军区由八路军总部直接指挥，总部情报处长由参谋长滕代远兼任。为加强地方和军分区的工作，将部分野战旅合并到所在的军分区，因此将驻太南的一二九师新一旅合并到太行第四军分区。随后，将八路军太南办事处与太行第四军分区司令部侦察股合并为太行第四军分区情报处（对外仍称太南办事处，处长李新农），其任务由对友军进行统战工作为主转为对敌的情报工作为主。此时，父亲江涛由八路军一二九师调太南办事处部队侦察股（二股）任股长，股里的参谋有周吉、黄振纲、殷树祯、刘西钊和张锦绣等。

太南办事处直属八路军总部情报处领导，被称为太行山上的一把尖刀。太南办事处机关设在山西平顺县寺头村，负责在黎城、平顺、潞城、长治、壶关等地建立和发展情报网，向敌占区和伪军中派遣特工和情报人员，侦察、搜集日军军事情报，同时负责对驻太南及豫北地区的国民党第二十七军、四十军和新五军进行联络和交涉。太南办事处的成员都是经严格挑选的部队干部，第一任主任是李新农，最初下属调查、联络、材料整理等三个科，至1943年3月精简整编后下辖三个股：一股为谍报派遣股，崔星任股长、张文进任副股长，主要进行谍报侦察；二股为部队侦察股，由父亲江涛任股长，负责武装侦察活动，在业务上指导王玉琦任队长、张治任政委的分区侦察队；三股为材料整理股，由李新农直接负责。

1943年11月，父亲在太行四地委党校参加了整风学习和审干运动。

1944年2月大规模整风审干运动开始后，四分区司令部除仅留一名译电员和一名见习参谋外，其余大部人员都去参加整风审干运动了。组织上调父亲回司令部，直至同年年底。在这期间，司令部的许多工作都交由父亲做，分区领导也愿意放手让他做，使他基本熟悉了司令部的全盘工作，特别是在参谋业务工作能力上有了进一步的提高。

八路军太南办事处情报站纪念馆

王树声

李新农

苟佩芳

李庚鑫

李　达

组织完成“抓舌头”任务

抗战时期，美国政府出于共同对日作战的需要，希望中国各派政治力量，特别是国共两党团结起来共同抗战，但国民党四处散布共产党军队“游而不击”的谣言。美国政府对此说法十分疑惑，1945年1月派观察组到太行山实地考察抗日根据地的情况。八路军太行军区命令各军分区情报处抓一批日军“舌头”，让“舌头”亲自来戳穿国民党的欺骗宣传。

父亲所在的太行第四军分区辖区内的情况复杂，日军在白晋铁路和邯长公路两侧驻军较多，伪军汉奸势力较大。仅长治、邯郸线上每隔十公里就有一个日军中队驻扎。要在较短的时间内活捉一个日军，让日军俘虏给美军观察团现身说法，其责任重大，难度也较大。

父亲江涛组织长治、壶关、潞城三个情报站的负责人反复研究，决定将任务交给潞城情报站站长李庚鑫具体实施，并安排太行第四军分区侦察队的一个分队负责接应。

李庚鑫经四处踩点，决定在位于邯长路上的日伪军五里后炮楼动手，这里有李庚鑫单线发展的“内线”李狗孩，经常暗地里给八路军透露情报。李狗孩与炮楼里的年轻日军古渡一郎混得较好，古渡一郎想找“花姑娘”，李狗孩就按照李庚鑫的安排告诉古渡一郎，村里新娶来个漂亮的“花姑娘”。古渡一郎高兴地说:“你的带路，晚上的干活。”李庚鑫迅速通过电话报请分区侦察队协助打援。

晚上快7点时，李庚鑫见李狗孩带着古渡一郎从炮楼出来，心急火燎地朝吊桥走来。古渡一郎走到吊桥中间时，突然发现李狗孩神色不对，便想往回返。这时，人高马大的李庚鑫突然从隐蔽的雪地里跳出来，三步并成两步地扑上去，一个重拳把古渡一郎打昏。这时炮楼上的日军闻声开枪，在我打援侦察队战友们的集中火力掩护下，李庚鑫背起古渡一郎迅速地撤离了。当晚在台东村住了一夜，第二天把古渡一郎送到了八路军太南办事处所在地，圆满完成了“抓舌头”的任务。

组织指挥老顶山战斗

在太行根据地长治城东十余里的地方，有一座南北走向的大山，主峰叫老顶山，山上有一座古庙，是长治东部的制高点。因位于长治、壶关、平顺、潞城四县交界之处，历来是军事重地。从1941年起，日军就依托周围数丈高的悬崖峭壁，构筑了七个大碉堡，并用两丈多高的石墙把这些碉堡连接起来，墙壁和台壁也上下相连，还在山顶前院通往后院的必经之地，特制了一扇百余斤重的大盖板，形成一个易守难攻的整体，可谓固若金汤。虽然驻守的日军只有一个小队，但都是经过挑选的老兵，

太行第四军分区机关驻地

而且武器精良、弹药充足、供给丰富。日军小队长吹嘘说：“即使八路军上来一个旅，我也能把他们统统打死在这里。”他们在老顶山上居高临下俯瞰整个长治城，就像按在头上的一颗钉子，给驻扎在这一带的八路军太行第四军分区构成极大的威胁。

1945年2月上旬，为执行八路军总部“扩大解放区，缩小沦陷区”的指示，军分区司令员石志本、政委于一川决定，把拔掉日军老顶山据点的任务交给了父亲江涛，并成立了以父亲为组长，长治独立营营长信俊杰、平顺独立营营长苟在合、分区情报处谍报股长张文进、分区政治部长治敌工分站站长胡天和为成员的指挥组。

父亲接受任务后，带领指挥组到老顶山周围反反复复侦察了五六次，先后研究了多套作战方案，大家一致认为：拔掉老顶山据点，只能智取，不能强攻。

2月20日，父亲约来老顶山下东禅村的维持会长，其真实身份是八路军特工的王文焕等，研究奇袭办法。王文焕分析道：维持会每天派民夫挑水送上山，每年正月十五维持会都要请碉堡里的日军到前院维持会办公处吃饭，吃饭时日军不带枪支。谈到这时候，父亲和战友们的脸上都露出会意的笑容，一起研究了详细的作战方案：元宵节这天由三名侦察员以厨师、送水民夫的名义进入据点，待日军到前院吃饭时盖上前后院之间的盖板，同时打开前院大门。然后由军分区挑选的三十名战斗骨干组成突击队，冲进据点活捉日军。独立营负责在交通要道上阻击援敌，并确定以枪声、烟火为信号，统一行动。

第二天，父亲派太南情报处的侦察员苟佩芳和刘林假扮民夫负责送水，由王文焕带进日军老顶山据点。他们帮日军把浴池里的水挑满、烧暖，边打扫院子边察看地形地貌，之后才离开据点。

正月十五前一夜，大雪已经停止，父亲带领的部队前进在通往老顶山主峰的雪地上。天空中闪闪的寒星陪伴着皎洁的明月，四周十分寂静，只听到战士们行军“沙沙”的脚步声和偶尔传来的几声犬吠。强烈的山风把地上的雪花吹到战士们反穿的白色棉衣上。

拂晓前，突击队和爆破组已经埋伏就绪，战士们一动不动地隐蔽在山坳里的雪地上，两挺机枪死死地盯住日军据点的门口和碉堡上的枪眼。周围的一切格外寂静，偶尔能听到日军的出操声。

天亮了，侦察员报告父亲：西面山下村边升起了一股浓烟。父亲知道那是打援的平顺、黎城独立营到达长治至老顶山的交通要道后发出的信号。

上午8点，东边山下走来三个“民夫”，他们是太南办事处的特工苟佩芳、刘林和侯金库。只见他们一个褡裢里露着半截菜刀和铁勺像个厨师，一个挑着装酒肉和柴草的担子，另一个挑着水。他们身材虽不高大，但体格健壮、神态机警，向两边的山坳里瞟了一眼，便迈着坚定的步子走进据点。

9时、10时、11时……时间过得真慢。11时40分左右，老顶山上的日军有说有笑地走进了前院维持会的窑洞，吃呀！喝呀！唱呀！日军小队长格外高兴，对上等兵山田高声喊道：“棒格（乐器名）的拿来。”山田走出了窑洞，刚一踏上通向石台上边通道的台阶，便“啊”的喊了一声。日军听见山田喊叫，出来一看不得了，“民夫”苟佩芳正在盖他们回去路上的顶盖。苟佩芳见日军蹿了出来，急忙掏枪射击。

由于意外情况发生，战斗提前打响。这时军分区的突击队还在庙外，王文焕、刘林急忙跑到大门口开门。三个日军扑过来企图关住大门，突击队员喊声“卧倒”，机智地拉响手雷向日军投去，“轰隆”一声巨响，三个日军应声倒地。焦头烂额的日军见回不了后院的碉堡，便抛下了负伤的伙伴，与冲进来的突击队员肉搏在一起，失去武器的日军用酒瓶、碟子、火炉上拆下的砖头等拼命向突击队员杀去。太南办事处的特工用日语喊：“优待俘虏！”但日军拒不投降，拼命抵抗。毕竟我军人多势众，很快便将日军全部制服。

住在长治城里的日军听见老顶山的枪声，立即出动救援。日军在山下猛打一阵排炮后，便向山上进攻。负责打援的部队居高临下，一阵手榴弹打得日军缩了回去。无论山下的日军如何进攻也无济于事，只好眼巴巴地看着八路军把俘虏的日军一个个绑在担架上从后山抬走。

父亲带领战士们全歼了老顶山上的日军，缴获了迫击炮、机枪、步枪等武器弹药和军用物资。从此，长治周边的局面控制在八路军的手中。

1944 年 11 月，父亲江涛接替李新农，任太南办事处第二任主任。从这时直到日军投降前的 1945 年 8 月，遵照党中央、毛主席号召“消灭敌人的有生力量”的指示，组织上派父亲指挥过多次如同智取老顶山据点的战斗。这时他开始单独指挥作战，由于大部队里应外合，组织计划周密，打下了日军的一些据点，取得了不小的战果。

配合收复石圪节煤矿

石圪节煤矿地处山西省长治、潞城、屯留三县交界的黄沙岭，是华北名气较大的煤矿之一，开采年代之久远，煤炭资源之丰富，煤炭质量之优良，开采规模之巨大都是出了名的。

1938 年日军侵入长治后，很快占领了石圪节煤矿。之后的八年是石圪节人记忆中最为惨痛的年代，矿工们像囚犯一样饥寒交迫。除挖煤外，日军还建起了军械修造厂，在矿区周围建碉堡、筑高墙、架电网、挖壕沟、布地雷、设岗哨，戒备森严。担任煤矿守备的是日军三十余人的一个小队和五十余人的伪矿警队。

抗战期间，我八路军太南办事处的特工们开展地下工作，反复向伪矿警队人员宣传抗日救国、将功赎罪的道理，争取过来了部分人员为我军提供、传递情报。

1945 年 5 月，我太南办事处特工王岩得到情报，八路军争取过来了一个不愿意再当汉奸，迫切要求到抗日根据地作战的伪矿警队员。接到情报后，任八路军太南办事处主任的父亲江涛指示王岩转告他们，时机尚未成熟，为了解放石圪节煤矿暂时还需隐蔽。

8 月 15 日，日本政府宣布无条件投降，但驻石圪节煤矿的日军不肯放下武器，一边加强警戒、准备撤退，一边准备炸毁煤矿矿井。

为执行毛主席《对日寇的最后一战》的号召和朱老总发布的进军命令，八路军太行四分区司令员石志本、政委于一川召集包括范文彩、王谦和父亲江涛在内的领导同志研究决定，采用里应外合的战术收复石圪节煤矿：命令以黎城独立营为主力，太南办事处、长治敌工站、情报站和石圪节秘密工会配合作战，由伪矿警队被我军争取过来的人员负责做内应。

命令下达后，父亲派遣特工王岩、李庚鑫、崔玉山等人化装成矿工前往煤矿伪矿警队传达上级指示精神，具体计划是伪矿警队配合八路军于8月17日午夜起义，要求起义人员严守机密，行动时左臂系白毛巾，并对起义细节做好了周密的部署。随后，王岩等人及时向王谦和父亲作了详细汇报。

8月18日凌晨1时30分，王岩带了一个班，先来到矿南门联络。他们剪断电线后，朝岗楼上拍了三掌，隐蔽在伪矿警队的内应很快将门打开。这时王谦带领的主攻部队赶到，太南特工带领的一个班和伪矿警班急速向院内冲去。他们刚到院门口，便被一个汉奸发现，汉奸边跑边喊："八路来了……"日军闻讯急令撤退到炮楼里，紧闭楼门，拒不缴械投降。我主力部队对炮楼实施爆破，但由于爆破组炸药有限，炮楼未能炸倒。

煤矿的工人们按照太南特工的安排，将日军准备炸毁煤矿的电机、电线拆卸下来，连同弹药和其他物资一齐装上车，天色微明时，安全地撤离了石圪节煤矿。日军妄想炸毁煤矿的阴谋破产了，从此石圪节煤矿告别了苦难，走向了新生。

收复石圪节煤矿的胜利极大地震慑了日军，迫使周围一带的日伪军当天逃窜，为我八路军即将打响的上党战役扫清了外障。8月20日，《新华日报》（太行版）头版以"挺进长治我军收复石圪节重要煤矿"为题，作了专题报道。

任军区情报处处长

1945年8月20日，父亲江涛被任命为八路军太行军区司令部情报处处长。经过抗日战争的洗礼，父亲由一名朝气蓬勃的年轻参谋，成长为一名具有坚定的革命信念、扎实的情报工作经验和指挥才能的军事领导干部。

收复石圪节煤矿

抗战胜利后，共产党和全国人民希望和平解决国内问题。但国民党一边大叫"和平"，一边调兵遣将。毛主席在《抗日战争胜利后的时局和我们的方针》中指出："蒋介石对于人民是寸权必争，寸利必得。我们呢？我们的方针是针锋相对，寸土必争。我们是按照蒋介石的办法办事。"

1945年8月，党中央决定原八路军一二九师改编成立晋冀鲁豫军区，司令员刘伯承，政委邓小平。下属的太行军区司令员秦基伟，政委李雪峰，下辖八个军分区。历时五年的八路军太南办事处完成了历史使命，于1945年10月撤销。同时，父亲江涛调回太行军区司令部任情报处长，该情报处下辖三个科，一科至三科的科长分别是金东新、李杰

和王俊英。父亲领导的军区情报处参加了上党战役和平汉战役。

参加上党、平汉战役

1945年9月，阎锡山秉承蒋介石旨意，调一万七千人占领了八路军从日军手中解放的晋东南地区。这时正值毛泽东赴重庆和蒋介石谈判，大家都为毛主席的安全担心。中央军委命令晋冀鲁豫军区坚决歼灭进入上党地区之敌，除去心腹之患。邓小平说："上党战役打得越好，歼灭敌人越彻底，毛主席就越安全，在谈判桌上就越有力量。"刘伯承、邓小平两位首长部署了晋冀鲁豫部队的太行纵队、冀南纵队和太岳纵队作战，各级地方政府动员了五万民兵支前、参战。这是我军开始由游击战向运动战的战略转变。

9月10日至19日，我军三个纵队攻击阎锡山控制的长治周围城镇。国民党第十九军被围困于长治，固守待援。刘伯承、邓小平两位首长采用了围城打援的战法。

邢台是平汉路上的一个中等城市，城防坚固、护城河宽、水深没人。抗战胜利后，邢台成了由蒋介石委以重任的汉奸的地盘，城内粮弹充足，守敌有恃无恐。父亲江涛任情报处长的太行军区担负了攻城的任务。9月23日23点，总攻从北门开始。我军一个班的战士头顶着用水打湿的棉袄，冒着敌人的炮火，用一百公斤炸药炸开了城门。虽然战士们全部壮烈牺牲了，但是他们用鲜血和生命为后续部队打开了通路。同时，东门、南门也燃起了大火，敌人在我军三面夹击下，已成乌合之众，纷纷向南门溃逃。但是，南门早已被堵死，我军随即展开政治攻势，山穷水尽的伪军被迫放下了武器。邢台解放了，全城一片欢腾，这座千年古城开始了新生。

邢台解放后，最大的敌伪据点只剩下华北的南大门邯郸了。邯郸守敌企图固守城池，策应蒋军北进，继续助纣为虐。10月3日，我军将邯郸城包围得水泄不通。4日黄昏，三发信号弹腾空而起，顿时枪声鼎沸，火光闪烁，我军发起总攻。爆破组的战士们把湿被子蒙在八仙桌上，两个人顶着被子朝城门处送炸药。登城组的战士抬着几架云梯，迅速抵近城墙。一个挂了彩的大个子战士，裤脚都被烧着了，仍顽强地顶着被炸断一截的梯子，直到登城的战友们翻过城垛，他才倒在血泊之中。随着一声巨大的轰响，西城门被摧毁了。我军与敌人展开了激烈的巷战，炸毁了敌人的核心工事，直逼市中心敌司令部。经过四个小时的激战，我军胜利解放邯郸，歼敌三千余人，缴获了大量的武器、物资。

10月5日我军全歼支援长治的国民党第二十三、八十三军。8日长治守军第十九军突围南逃，12日被我军拦截消灭，军长被俘。19日临洺关解放。

上党战役历时一个多月，是我军以劣势装备战胜优势装备蒋军的光辉战例，也是解放战争时期打的第一个歼灭战，共歼灭阎锡山的十三个师三万五千余人，相当于其总兵力的三分之一，并缴获大量武器弹药。上党战役不仅解除了国民党对我晋冀鲁豫解放区的直接威胁，还有力地提高了中共在重庆谈判中的地位。在这次战役中，父亲江涛任情报处长的太行军区在攻克邢台、邯郸和临洺关战斗中可谓所向披靡、战无不胜。他在战斗中也得到了锻炼，战斗经验得到了进一步的积累。

我军在取得上党战役胜利的同时，国民党调集大量军队向我晋冀鲁豫解放区进攻，企图完全控制平汉铁路。1945年10月20日至11月2日，晋冀鲁豫军区遵照中央军委的指示，对国民党军进行了一场自卫反击战役——平汉战役。刘伯承、邓小平两位首长调动了包括父亲江涛所在的太行军区在内的六万余人，将由新乡沿平汉路北进的国民党的三个军引诱至漳河以北、邯郸以南的河套多沙地带，逐次予以歼灭，共消灭和俘虏敌方两万余人，同时敦促国民党新八军军长高树勋率部万余人在战场起义。此次战役歼灭了沿平汉铁路北进的国民党军，为迟滞国民党军北上，巩固华北、东北解放区，掩护其他解放区部队的调整部署和展开，发挥了重要的作用。

平汉战役后，为了适应新形势，晋冀鲁豫军区在武安县伯延镇召开第一次军事情报工作会议。出席会议的除任太行军区情报处长的父亲江涛外，还有晋冀鲁豫军区情报处处长赵增益、副处长柴军武（柴成文）和该处科长席一、任浩若、张峰，太岳军区情报处长刘桂衡、冀鲁豫军区情报处长黄友若等。会议首先明确了情报工作对象要迅速由日伪军转向蒋军，根据敌我态势及分布，晋冀鲁豫战略区的主要作战对象是国民党郑州绥署及其所属部队。会议特别强调要千方百计地抓紧谍报工作的建设，并对下属各军区的谍报工作作了专门的研究和部署。父亲负责的太行军区的情报工作是：以太原、新乡、郑州、石家庄为重点，主要掌握山西阎锡山部及豫北王仲廉三十一集团军的情况及动向。这次部署既为看守解放区的南大门，又为以后向南开展工作创造了条件。

任太行四分区参谋长

1946年6月26日，蒋介石悍然撕毁国共两党签订的“双十协定”和停战令，集中二十五个旅的兵力，大举围攻中原解放区，开始了大规模的全面内战。刘伯承、邓小平两位首长根据中央命令和本区实际情况，确定了晋冀鲁豫军区的战略部署，集中野战纵队，机动歼灭敌人。

1946年12月，父亲江涛被任命为太行军区第四军分区参谋长，（当时四分区司令员何正文、政委刘毅、副司令员安中原、副政委孔庆彪、政治部主任朱玉学）这时正值解放战争初期阶段，国共两军斗争比较尖锐。焦作已被敌军占领，第四分区的领导机关设在道清路北，主要任务是对抗道清路的国民党军，保证野战军主力侧翼安全，并组织地方兵团、游击队和人民武装广泛开展群众性游击战争，以配合主力作战。

第四分区在道清路南设立一个指挥部，领导路南斗争。为了工作需要和锻炼干部，第四分区领导多次派父亲到路南担任领导工作，参加了1947年3月的豫北反攻击作战等战斗。

第四分区八路军部分干部合影

因父亲江涛一直从事情报工作，作为一个军事指挥员作战经验尚不足，他深刻地体会到没有实际作战经验的人，担任参谋长的工作是非常困难的。因此他不但在工作上虚心学习，还向上级提出了到部队、到基层去锻炼的请求。

1947 年 8 月，太行军区的大部分区域解放了，部队进行了整编，准备南下作战，组织上批准了父亲申请到野战部队带兵打仗的报告，父亲随即被调到新组建的晋冀鲁豫野战军第九纵队第二十五旅第七十四团任团长。他的原太行第四军分区参谋长一职由原太行军区武委会军事部部长赵志云（离休前为山西省军区副政委）接任。

任九纵二十五旅七十四团团长

晋冀鲁豫军区第九纵队司令员秦基伟，政治委员黄镇，副司令员黄新友，参谋长何正文，政治部主任谷景生，副参谋长李静宜。下辖第二十五、二十六、二十七旅。第二十五旅由原太行军区独立第一旅改编，旅长蔡爱卿，政治委员冷裕光，副旅长张锡珩、刘自双，参谋长廖开芬，政治部主任聂济峰。

1947 年 8 月 15 日，父亲江涛和九纵两万多人集结在豫北博爱县王卜昌广场上，参加纵队成立大会。那天铺天盖地的雨打得人睁不开眼，干部战士风趣地说："今天我们九纵成立，老天爷下场大雨给我们洗个澡，让我们干干净净地出发南征。"

会场庄严肃穆，秩序井然。秦基伟用洪亮的声音说："为巩固阵地，保卫太行解放区，保卫太行人民翻身的胜利果实，为解放中原及全国人民而继续战斗，我们要打出去（打过黄河的意思），争取更大的胜利……蒋介石想把战争放在解放区周围，达到消耗我们的目的。我们只有打出去，才能减少解放区人民的负担，把战火烧到蒋介石身边去！"与会军民士气高涨，气氛热烈到了顶点，真是拳头如林，吼声震天，"我们打出去——！"的口号一浪高过一浪，透过雨空，在群山中久久回荡。

九纵成立后，主力部队随即参加了战略进攻，南渡黄河，转战伏牛山。父亲所在的二十五旅则留在了豫西，开辟豫西根据地。

九纵二十五旅的前身是原太行军区独立第一旅，旅的新领导大都是由外区调来，对部队情况不够熟悉，在豫北作战时游击习气较重，纪律较松懈，战斗作风不够好，仗打得不够理想，减员较大。父亲江涛初任团长时千头万绪，虽然感觉部队问题较多，但由于缺乏实际经验，又没有及时向上级详细反映，问题没得到很好的解决。再加上初到新的战斗区域，群众基础差，行军与作战任务繁重，在连续作战中打得不够理想。父亲感到压力很大，曾产生过换一个比较好的部队的思想波动。

1947 年 10 月，九纵在鸣皋召开了党委扩大会议，回顾各方面的情况，总结了经验教训，贯彻了民主运动，检查了纪律，强调了尊重知识分子干部等精神。之后，秦基伟司令和九纵党委的领导调整了部分团、旅的领导干部，部队有了初步的转变。父亲经过这一时期的实践考验和思想斗争之后，决心努力坚持下去。在上级领导的具体帮助下，他在战斗中千锤百炼，更加积极热情、组织严谨、虚心谨慎，各方面能力提高得较快。他带领的团经过整顿和磨炼后，各方面也有了很大的改观，参加了不少大规模战役。虽然战斗紧张、任务艰巨、条件艰苦，但七十四团表现得英勇顽强，取得了一次又一次辉煌的胜利，并涌现出了像刘子林这样的全国著名战斗英雄和优秀战斗集体。

开辟豫西根据地

1947年8月下旬，父亲带领着七十四团随九纵开始向黄河北岸渡河点开进。连日暴雨不停、道路泥泞，敌机跟踪轰炸，部队不畏艰难顽强行军，抢渡黄河天险。

9月，九纵的二十五、二十七旅在洛阳以南分散活动，攻占城镇，歼灭敌地方部队，给敌以我主力仍在豫西的错觉。这一带完全是新区，没有群众基础和后方支援，到处都是国民党军队、地方土匪、恶霸武装。国民党统治下的老百姓非常贫困，老人骨瘦如柴，妇女衣不遮体，小孩肚子圆得像面鼓、脖子像根棍……

只有来自太行山的七千多名民工，在土匪的骚扰和敌机的轰炸下，顶风冒雨地背弹药、送伤员。

1947年11月，四、九纵队会师南下，连克数城，打开了豫西的局面。

12月，敌妄图摧毁我伏牛山根据地，恢复洛阳与潼关间的交通，宝丰一带敌匪一哄而起、兴风作浪，并狂妄叫嚣限期我军撤出宝丰县城。蒋介石对豫西土匪一贯采用“招安加封”的政策，形成了官匪一体、匪霸不分的混乱局面。因此，我军的剿匪斗争成为开展根据地各项工作的前提。

1948年1月19日，为了开辟与建设豫西根据地，使主力便于机动作战，父亲江涛带领七十四团随二十五旅旅长张显扬由宝丰进入嵩县，开辟了郑州分区。他们与兄弟部队在两个月的时间内共歼灭土匪三千余人，局面有所好转，伏牛山根据地的建设从而得以顺利发展。

同年5月1日，前委决定成立豫陕鄂八分区（以后的豫西四分区），旅长兼分区司令员为张显扬，地委书记兼分区政委为李福祥，副司令员为武承先，参谋长为廖开芬，政治部主任为聂济峰。抽五分区三分之一干部组成分区领导机关，父亲所在的七十四团为分区基干团，辖境包括登封、密县、巩县、荥阳等五县，以后又增加郑州、新郑、广武、成皋四县。

七十四团所在的二十五旅在参加开辟豫西第三、四、五军分区的一年斗争中，建立了根据地，积极开展剿匪、建政、发展地方武装等艰苦工作，逐步将敌占区变成了我方继续向南进军的供应补给基地，有力地支援了解放战争，达到了牵制敌主力的目的，从根本上打破了蒋介石东西两个重点进攻的态势。

1947年11月下旬，蒋介石为了夺回大别山战略重地，集中十四个整编师共三十三个旅，由白崇禧统一指挥，向我大别山根据地展开全面进攻。为了配合刘邓部队，第二十五旅仍然留在宛（南阳旧称）西开辟根据地并起牵制作用。12月，九纵打下了襄城、繁城、临颍、大石桥车站、漯河等城镇和要点，冒雪破坏了许昌至阳武庙段、漯河至阳武庙段一百多公里的铁路线。

两克洛阳战斗

1948年初，我军外线作战频频告捷，除潼关、洛阳、漯河、郑州、南阳等重要城镇外，中原地区大片城乡都没有国民党的正规军。洛阳地扼陕、晋、豫三省要冲，是陇海路中段之重镇。占

领洛阳，对我豫陕鄂根据地建设和我军行动都有着十分重要的意义。

3月7日，中央军委批准发起洛阳战役，九纵准备阻击可能由潼关而来的敌人。3月14日，我军攻克了敌人号称“铜墙铁壁”的工事，洛阳解放，歼敌一万七千余人。随后，九纵受命于伊河两岸设防阻敌三天，掩护主力撤离战场。18日，主力转移完毕，我军主动撤离阵地，放敌人进占洛阳空城。

3月19日起，父亲江涛带领七十四团奉命阻击、拖住敌人。敌人每天轮流以两个营、一个团，甚至以旅为单位，出动兵力向父亲的防御阵地发起攻击，都遭到我军顽强抵抗。我军阵地的工事刚挖好就被敌人的炮火炸平了，从早晨打到黄昏，敌人被我军指战员的手榴弹、枪弹打得乱叫，付出惨重的代价。异常残酷的战斗坚持了七个昼夜，父亲和战友们完成了阻击任务，歼敌千余人。

4月5日，我军回师洛阳，九纵在两克洛阳战役中担任主要突击任务。经过两个小时的战斗，几乎全歼洛阳守敌。第二次解放洛阳，九纵共歼敌两千五百余人。从此，我军在豫西作战完全处于主动地位，体现了我军既能打阵地战，也舍得丢掉，大踏步进退，消灭敌人有生力量的战术思想。

1948年4月下旬，党中央决定将原晋冀鲁豫野战军改编为中原野战军，九纵由刘伯承、邓小平两位首长直接指挥。部队利用两周的战隙整训时间，以团为单位进行了总结，补充了兵员、弹药，换了夏服，部队面貌焕然一新。

5月初，刘伯承、邓小平两位首长决定发起宛西战役。秦基伟亲自指挥父亲带领七十四团向郑州西南佯动，寻机捕歼弱敌，逮住敌人就打，并严防郑州之敌西犯洛阳。这一时期的战斗，打得比较顺手，左右开弓，都没吃亏。中原野战军首长十分满意，刘邓首长发来嘉奖电：“九纵队在郑州外围牵制敌人，配合宛西战役中……用歼灭手段完成牵制任务，值得表扬，特电嘉勉！”

参加郑州战役

1948年9月，各个战场的人民解放军在中央军委统一号令下，发起了迅猛的攻势作战。蒋军占据的郑州位于平汉、陇海两大铁路的交会处，北据黄河、南控中原，战略地位十分重要。郑州人民在蒋军的统治下，处于水深火热之中，当时有民谣道：“盼八路，望八路，八路走了想八路；恨中央，骂中央、中央来了一扫光。”

10月9日，根据军委意图，刘伯承、邓小平两位首长决心集中第一、三、四、九纵队相机攻取南阳、郑州，打击孙元良、黄维两敌。

13日上午，陈赓、陈锡联、杨勇、秦基伟等纵队司令员参加的团以上干部会在禹县召开，拟定郑州战役计划。解放郑州是我军指战员盼望已久的事情，父亲江涛和在场的干部们喜形于色，跃跃欲试。在第二天的九纵团以上干部会议上，秦基伟介绍了郑州的敌情与城防情况，阐明了攻郑战术，强调了执行城市政策和加强战斗团结；命令各级干部亲自掌握敌情，严格控制部队，加强统一指挥，确保通信联络畅通，搞好协同配合；在战术指导上要善于敌变我变，把握主动，随时准备把攻坚作战转换为野外歼灭战。

具体部署是：父亲江涛领导的七十四团，在薛岗、苏家屯、双桥、杜庄（郑

1948年12月郑州战役后，二十九岁的江涛与战友刘志、王加林、张振军和董光于碧沙岗的合影

州西北十二公里至十五公里处）地区构筑防御阵地，不惜一切代价，坚决闭锁战场，既要阻击新乡之敌南援，又要打击郑州之敌北逃，确保战役全胜。这是郑州战役制胜的最为关键的一步。

19日，父亲江涛带领七十四团离开禹县向郑州开进。20日进抵荥阳西北地区隐蔽集结。21日到达于双桥、杜庄一线预定作战地域，连夜构筑工事、拆毁铁路、完成了战斗准备，这是他们第一次在平原上打大规模的阵地战。

22日，我各路攻城大军完成了对郑州守敌的四面包围。郑州守敌见势不妙，弃城向黄河铁桥方向脱逃。驻古荥镇之敌一〇六师三一八团南向接应，遭父亲领导的七十四团顽强阻击，不得前进。全体指战员视死如归，以顽强的阻击和反冲击，坚决堵住敌人，保证人在阵地在，死死关住了敌人北逃的大门，阵地岿然不动，从而有力地保障了战役的全胜。

黄河铁桥是连接华北和中原的主要纽带，是当时中国的重要桥梁之一。23日，纵队命令父亲江涛指挥的七十四团守在二十七旅两侧，并肩负攻占黄河铁桥的任务。秦基伟来到七十四团异常兴奋地说："重要的是配合友邻攻占黄河大铁桥，不让敌人破坏它一丝一毫，那么大铁桥今后永远是属于我们的啦！我们要利用它，保卫它！""攻占黄河铁桥！保卫黄河铁桥！"这响亮的声音震撼着每一个战士。七十四团三营突破了敌人阵地，攻上了台山，控制了制高点，用猛烈的火力打击了黄河铁桥上逃窜的敌人。

24日15时，七十四团向黄河铁桥

两端桥头堡发起进攻。至19时，九纵与华野十四纵在黄河铁桥上胜利会师。郑北歼敌之战落下了帷幕，据统计郑州战役全歼守敌一万一千余人。毛主席亲自为新华社写了《我军解放郑州》的消息。父亲和战友们站在黄河铁桥上，低头看着波浪激荡的黄河水，仰首望着雄伟壮丽的太行山，心中感慨万千。

父亲告别了战斗了十一年的太行山，乘上东去的铁皮火车，带领着部队参加了淮海、渡江、两广、粤桂边等战役，从山西到河北、河南、湖北、安徽、浙江、江西、福建、广东、贵州……一路马不停蹄、披荆斩棘、浴血奋战，冒着枪林弹雨从北向南，把红旗插到了祖国的南疆。

直到1950年2月，父亲奉命赴北京军委情报部任职，他的政治、军事、指挥才能得以全面发展成熟。因此，父亲于1948年至1950年间荣获淮海战役、建军纪念、渡江胜利、解放西南、华北解放、解放华中南等纪念章，于1955年荣获中华人民共和国二级独立自由勋章和二级解放勋章。

1958年江涛与刘子林在南京高等军事学院重逢

父亲是座山

文 / 钟冀江

钟元辉

钟元辉（1912 年—2009 年），江西上犹人。1930 年加入中国共产主义青年团，1932 年参加中国工农红军，同年转入中国共产党。土地革命战争时期，任红二十一军四十三团连指导员，红三军团第五师十五团连指导员，十一团营教导员、团政治处组织股股长。抗日战争时期，任八路军总部炮兵团政治处副主任，延安军事学院区队长，晋察冀军区教导二旅第五团政委。解放战争时期，任晋察冀军区晋南支队政委，华北军区第三纵队政治部组织部部长。中华人民共和国成立后，历任师政委，北京军区干部部副部长，北京军区后勤部副政委，天津警备区政委。1955 年被授予少将军衔，获二级八一勋章、二级独立自由勋章、一级解放勋章。2009 年 8 月 9 日在天津逝世。

每当回忆起父亲心情就不平静，许多朋友找我，为弘扬革命前辈的精神，传承红色文化，应该写点有关父亲的花絮，以教育后人。父亲生前很少讲到自己的过去，在家从不谈工作，我对他战争年代的事一无所知，只能从他战友的谈话中，组织上对他的评价中，从他身上多处枪伤中感到他的一生不是平凡的一生。如何下笔？想来想去，还是从我母亲回忆父亲与我奶奶的一段真实生活来介绍他的为人，领悟他的平凡伟大。

父亲钟元辉1912年6月生于江西省上犹县营前镇樟树下村一个贫苦农民家庭，破茅屋一间，家徒四壁。爷爷为了生活什么苦活累活都干，一年累到头还是解决不了温饱。奶奶生下我父亲后不久，爷爷因积劳成疾过早离开人世。爷爷的命运是旧社会千千万万穷苦人命运的写照，留下可怜的奶奶和我父亲相依为命。奶奶为拉扯大唯一的娃仔受尽了人间疾苦，她把全部希望寄托在娃仔身上，只要能熬到他长大成人，就会有好日子过。家庭清贫，为支撑这个家奶奶拼命地干活，过度的劳累使她未老先衰，身体很虚弱。父亲从小吃不饱穿不暖，加上营养不良，面黄肌瘦，身体又矮又弱，时常闹病。为了减轻奶奶的负担贴补家用，瘦小的父亲从小就给大户人家放牛、打零工。他虽然身体不壮，但特别机灵，聪明好学，干活勤快，肯卖力气，时常得到东家和邻里的夸奖。父亲稍大后经好心的邻里介绍到县里当了学徒工，说是学徒，其实就是打杂，但日子比以前好过些，奶奶似乎看到了希望。

1928年，父亲十六岁。有一天他正在店里干活，忽然听到街上热闹起来，跑出去看到头戴红星帽，手持大刀梭镖，举红旗，喊口号，刷标语，腿上打绑腿的人，他们自称是红军，穷人的队伍。可以看出他们确实与土匪和县保安队不一样。父亲感到很新鲜，好像天一下子就变了。当时他听不懂大道理，只知道红军打土豪分田地，县里的官老爷和地主全跑了，原来的衙门成了农会和工会办事的地方。父亲跑回家把在县城里听到的看到的新鲜事讲给奶奶听。善良的奶奶开始担心，兵荒马乱，害怕唯一的娃仔有个三长两短失去将来的依靠，于是不敢再让他去县城打工。县城里发生的事很快发展到村里，村里的穷人在红军鼓动下也跟着拿刀舞枪，打土豪分田地，也成立了农会，家里按人头第一次分到了属于自己的土地。奶奶看在眼里，喜在心上，感到红军确实为穷人办事，都是好人，好日子有奔头了。奶奶苍老的脸上露出久违的笑容，她不再阻止儿子。父亲回到县城就积极投入轰轰烈烈的农民运动中，参加宣传队，刷大标语，还领到一杆梭镖。

1930年，父亲十八岁了，他正式参加了县赤卫队宣传队，同年加入共青团。1931年加入县工会成为工会会员。1932年，他告别了我奶奶随红军南征北战，同年加入中国共产党。从1932至1936年，父亲历任红三军团战士、宣传分队长、连指导员、团俱乐部主任、营教导员、团政治处组织股股长、师直属队总支书记。他参加了二万五千里长征。抗日战争和解放战争中，他当过团政委、支队政委、纵队政治部组织部部长。1951年他参加抗美援朝，担任志愿军第二十兵团政治部组织部部长、干部部部长。战争年代他负过伤、立过功、受过奖。

父亲无论战斗到哪里，每当部队休整时，他心里就会牵挂我奶奶。战争年代条件极其艰苦，没有基本的通信条件，家乡地处深山沟，情况就更差。父亲惦记奶奶：她老人家的身体好吗？日子咋过的？下地干活有帮手吗？父亲内心的牵挂、痛苦以及感情的交织只有他自己知道，无法用语言表达，只能将泪水深深地埋藏在心里。

1955 年，担任北京军区后勤部副政委的父亲被授予少将军衔，党和人民给予他很高的荣誉。父亲在百忙中终于第一次有机会回老家探亲，一别数十年，他和我母亲兴奋激动，恨不得立即飞到家乡见到我奶奶，好让她看看儿媳妇，接她回北京享受幸福安度晚年。然而回到老家后却当头得到噩耗：我奶奶因年老体弱，想儿心切，积劳成疾，于 1949 年中华人民共和国成立前夕病逝。她没能等到中华人民共和国成立，没能看上儿子一眼，没能过上好日子。想儿、盼儿，黑发盼成白发，锄头变成拐棍，腰弯了，牙掉了，眼花了。日日盼天天想，临终也没盼到娃仔归来，她生命的最后还在颤抖地念叨娃呀娃。奶奶去世后，是乡里一户本家兄弟替父亲打幡下葬，把奶奶葬在绿树成荫向阳的小山坡上。父亲在乡亲们带领下找到奶奶的坟墓，泪流满面地跪拜在奶奶的墓前，默默地说：“娘，儿来看您，儿是不孝之子，今生未能报答您的养育之恩，未能给您养老送终。”

父亲在奶奶面前不是孝子，奶奶没有享受到儿子带来的幸福。但是父亲为了共和国的建立，为了人民的解放事业，为了老百姓过上好日子，奉献出了全部心血，他是党的儿子，人民的儿子。父亲的身躯是那么弱小，心灵是那么伟大，他有山一样的脊梁，海一样的胸怀。他对党和人民的忠诚超过爱自己的母亲，是他和他的战友们超常的付出和无私的奉献，才有我们今天的幸福生活，我为有这样一位父亲感到无比的骄傲和自豪。同时我更爱家乡这块红土地，因为她养育出无数个像奶奶一样的伟大母亲，孕育出无数个像父亲一样的英雄儿女。

我常常想起父亲，梦见他坐在那把修过多次的藤椅上，置身于阳光下，看他亲手栽种的葡萄和石榴树已硕果累累，共和国的成就已硕果累累。他慈祥的笑容犹在眼前，他谆谆的教诲犹在耳畔。父亲留下的宝贵精神财富使我终身受益，并不断激励着我要像父亲一样全心全意为人民服务，把人民的利益看得高于一切。

父亲后来认替奶奶打幡下葬的本家兄弟为亲弟弟，我们都喊他叔叔。父亲时常邀请叔叔到北京我们的家中小住，逢年过节或家乡闹灾都寄钱寄物。县里

钟元辉夫妇

1959年10月，参加国庆10周年将军合唱团的北京军区成员合影。（左起）第一排：蔡长元、叶青山、李人林、翁祥初、张日清、彭寿生、范中祥、钟元辉，第二排：张正光、李致远、曾威、于权伸，张英辉、郑三生、杨永松，第三排：王紫峰、王英高、黄作珍、李真、刘德海、陈宜贵

来人反映老区交通不便，阻碍经济发展，现在仍然落后于其他地区。父亲听后皱眉不语，来人走后他积极联系有关部门协助解决问题，地方政府也给予上犹县大力支持。叔叔得知为县里解决了车辆后特别高兴，想托父亲跟县里说说，让自己的儿子学开车。叔叔对父亲说：你帮助解决了车，让自家儿学开车理所当然。父亲婉言拒绝，并解释说权力属于党和人民，自己没有任何权力谋私为己，孩子的前途，要说服孩子凭自己的能力和努力去争取。后来我们听说，叔叔的儿子没有坚持学开车，而是到广州打工，凭自己的努力和拼搏，当上了一家公司的领导，生活幸福美满。

父亲离休前担任天津警备区政委，他2009年8月去世，享年九十七岁，葬在与他并肩战斗过的战友中间。墓碑上铭刻着“出身贫寒事业伟大，生命有限光辉永存”十六个字，这十六个金色大字正是他一生的写照。

我心中的父亲是座山，谨以此文表达对父亲深深的爱。

志愿军第一个击落敌机的飞行员李汉

文 / 季秀志

李　汉

季秀志，山东莱州人。1948年11月报考华东军区通信专科学校学习无线电通信。参加抗美援朝战争，在志愿空军司令部指挥所做无线电通信工作。抗美援朝胜利归来后，从1954年到1958年先后调到南京军区空军浙东前线指挥所、南京空军福建前线指挥所，参加陆、海、空军首次联合作战解放一江山战斗和沿海争夺制空权的斗争。1959年调回南京空军指挥所做无线电通信工作。先后任电台台长、无线电区队长、无线电中队长、政治指导员、政治教导员等职。1992年离休，经组织批准安置于山东省莱州市。

李汉，河北唐县人。1938年4月入伍，同年5月加入中国共产党。历任飞行员、大队长、副团长、师长等职。在抗美援朝战争中，击落敌机一架，击伤三架。1951年1月21日，他首开我志愿军空军击伤敌机的记录，同月29日，又首创志愿军空军击落敌机的范例。1952年12月，空军给他记一等功一次，并授予“二级战斗英雄”荣誉称号。1983年12月离职休养。1988年7月，荣获中国人民解放军独立功勋荣誉章。

飞行大队长李汉，于1951年元月在抗美援朝前线，带领大队勇敢战斗，身先士卒，灵活机动，在九天的空战中，他取得击落敌机一架，击伤敌机两架的好战绩，被志愿军空军领导机关命名为志愿军空军第一个战斗英雄。当年李汉还代表中国青年光荣地参加了世界青年联欢节。李汉是志愿军空军一〇四部队二十八大队的大队长。他和其他空军英雄人物一样是在战斗中锻炼成长起来的。

英姿飒爽的李汉

雏鹰展翅　初露头角

一〇四部队是一支年轻的空军部队。1950年11月上旬才全部改装为米格-15喷气战斗机。改装前使用的飞机是雅克-17教练机。飞行员大部分是来自陆军部队，当然李汉大队长也是其中之一。他们经过了战斗的洗礼、炮火的考验，政治素质都很好。但是空中飞行时间短，又加上大部分都是只有高小文化水平的工农干部，所以飞行理论不足，飞行技术不够熟练。计算起来，他们在米格战斗机上平均飞行时间只有三十几个小时。战备训练刚刚进入高空双机空战，只有中队和大队飞行。

美国军队于1950年侵入朝鲜后，就开始派遣空军投入战斗。截至1950年10月底，侵朝美国空军兵力有十五个联队，有战斗截击机、战斗轰炸机、轻型中型轰炸机、舰载机、侦察机等各型作战飞机共一千一百多架。还有英国空军、澳大利亚空军、南非联邦空军以及南朝鲜空军一百多架作战飞机，总共作战飞机一千三百多架。侵朝美军飞行员中，大部分曾参加过第二次世界大战，空中飞行时间大都在一千小时以上，有的甚至达到两千小时。他们大都具有比较丰富的空战经验，对战术都有比较精湛的研究。

当年朝鲜战场敌我空军情况是：中国年轻弱小的志愿军空军要同强大狡猾的美国空军作战。鉴于敌我力量对比过于悬殊，我志愿军空军参战不仅是困难重重，而且还要冒一定的风险。但是为了抗美援朝保家卫国，为了加速空军建设，使部队在战争中迅速成长，中共中央决定派遣中国人民志愿军空军参加抗美援朝战争，中央军委主席毛泽东及时发出了“采取稳当的办法为好”的指示，并决定从小仗打起揭开空中作战之“谜”，过好“能不能打”这一关，建立

抗美援朝战场上，一名医护人员在炮火中救护伤员

起战胜敌人的信心和勇气。决定一〇四部队参战，以大队为单位轮流进驻前线机场，在敌情不太严重的情况下，随同友军空军进行实战训练。1950 年 12 月 21 日，李汉大队长率领二十八大队进驻鸭绿江畔的野战机场。

二十八大队的飞行员们在李汉大队长的带领下，随同友军空军开始练习飞航法。他们从鸭绿江飞到清川江，从新义州飞到安州，从陆空飞到海空，投入了紧张的战备训练。在战备飞行中李汉同志表现出卓越的勇敢善战精神以及刻苦钻研战术技术的精神，受到友军空军的称赞。在一次紧急着陆飞行课目中，李汉同志来了一个漂亮的三点着陆，使友军空军的飞行员们感到惊讶，纷纷伸出大拇指。朝鲜飞行员高兴地说：“多木，多木，朝司米达，朝司米达。”苏联飞行顾问也上前祝贺，握着李汉大队长的手大声地说：“奥近，哈拉硕。奥近，哈拉硕。”一〇四部队参战的首长高兴地赞颂道：“李汉大队长是雏鹰展翅，初露头角。”

鹰击长空　突现威棱

鉴于敌强我弱的情况，志愿军空军领导机关制定了空军作战方针：从实战中锻炼，在战斗中成长；积蓄力量，选择时机，集中使用；为地面部队服务，以地面部队胜利为胜利。苏联空军派遣了精锐的歼击机部队进驻前线机场做我志愿军空军的后盾。朝鲜人民军的一支空军部队进驻新义州机场与我二十八大队协同作战，抗击侵袭鸭绿江附近之敌机。

1951 年 1 月 21 日上午，浪头机场战斗警报急促响起。李汉大队长带领飞行员们迅速跨进米格机舱，银色的八架战鹰腾空而起，随同友军空军正式参加空战。身负众望的李汉大队长这天的精神面貌与竞技状态特别好，他率领大队紧紧尾随友军空军向战区驰飞而去。

无线电里传来了中朝联合空军司令部指挥所的命令：“铁鹰，在你们左前下方十公里处，发现八架 F-84 战斗轰炸机”。友军空军同时也收到了同样的作战命令，八架友军空军的歼击机加大油门冲了过去，李汉大队长也加大油门迅猛向前冲击。在不到一分钟的时间里，友机和我机几乎同时发现了敌机。友军空军的战鹰在前面，从高空一个俯冲打乱了敌机 F-84 的队形。敌机被突然的袭击搞慌了手足，有的早已逃之夭夭，有的慌乱投弹调头就逃，有的大角度俯冲企图低空逃窜。李汉大队长觉得战机已到，机不可失，立即命令僚机注意掩护，自己一推操纵杆向着正在胡乱投弹的一架敌机冲了过去。敌机投了弹便左转加速度，企图摆脱挨打的局面，向海空逃窜。就在敌机调头转弯的一刹那，它的机身套进了李汉大队长的瞄准具中。李汉校正了角度，一阵猛射，一串串炮弹向着敌机打了过去，可惜偏了一点没有打中。他赶忙调整角度又给敌机补上了几炮，这次打中了，敌机顿时起火冒烟向着海面逃窜。李汉大队长高兴地在无线电中大喊：“击中了，击中了。”是的，应该

抗美援朝时期我军主力战机：苏制米格-15

高兴，一〇四部队的指战员们都感到高兴，朝鲜人民军空军的飞行员们听到这一胜利消息也都十分高兴。因为这是我志愿军空军在空战中首次击伤敌机，这是我人民空军军史上光荣的一页，引用李汉大队长的话说："这次空战我能击伤美军飞机，下次空战我一定能击落美军飞机。"二十八大队的群鹰胜利返航了，在前线机场指挥塔台旁，在停机坪上和起飞线边上都站满了欢迎的人群。群鹰着陆后，一〇四部队的首长，上级首长纷纷和李汉大队长亲切握手，以表热烈祝贺。朝鲜人民军空军的领导也上前祝贺，并愉快地用汉语说："鹰击长空，突现威棱。"

雄鹰比翼　复加功勋

李汉大队长在朝鲜空战中首先击伤美军飞机，凯旋的胜利消息大大鼓舞了志愿军空军指战员，同时也有力地推动前线空军各部队掀起战备工作新高潮。

残冬尽，冰雪融，转眼又是初春。空联指挥所通过无线电传来了空中敌机情报：美军十六架F-84，高度五千米在安州和定州之间盘旋，企图袭击安州火车站和清川江大桥。根据命令，李汉大队长率领二十八大队八架米格机，离地升空向战区飞去。战鹰身披朝霞，迎着微寒的春风，展开双翅飞越鸭绿江口。李汉大队长适时发出"注意警戒""注意搜索""发现敌机立即报告"的命令。当我机群在定州以西上空时，李汉大队长的僚机同时发现敌机，十六架F-84分上下两层配置。李汉大队长判明敌情，当即发出命令："抢占高度，利用阳光，攻击上层敌机。"我军八机编队迅速利用阳光隐蔽，迂回到敌机左后上方，抢占高度七千米。敌机还在五千米处盘旋，看来敌机尚未发现我机。当我机完成隐蔽接敌攻击准备时，李汉大队长立即发出攻击命令："一中队随我攻击，二中队注意掩护。"我机突然向敌机发起攻击，敌机发现后急速转弯企图迂回到我后方，伺机向我机开火。李大队长当即识破敌人企图，迅猛冲到敌机左后上方四百米处。以四分之一进入角，正好瞄准敌三号机，一个狠狠的连射当场将敌机击落。当李汉大队长向二号敌机发起攻击时，敌人两个双机分别从左右方突然袭来。在这千钧一发之际，我僚机两路开弓，分头向敌机冲击。边冲边射击，一阵阵炮弹将敌机驱散，化险为夷。就在我机与上层敌机格斗时，位于下层的八架敌机也偷偷摸摸从后方向李汉大队长袭来，眼看就要逼近李汉大队长。我方在高空担负掩护任务的二中队，推杆俯冲向下层敌机猛袭过去。下层敌机一看我机前来钳制，便下滑倒转摆脱我机的威胁。激烈的空战进入白热化阶段，敌机像秃头鹰一样，伸出魔爪吐着毒焰似的炮弹到处乱窜。我机越打越猛，敌机往哪里逃，我机就向哪里打，炮弹声、爆炸声在敌我双方飞机周围响着。我机进攻敌机反扑，打来打去敌机队形全乱了，冲来杀去使我编队机群也都成了单机。李汉大队长见机行事，及时下达了“各机可单独寻敌空战”的命令。李大队长驾驶着自己的飞机，单枪匹马向敌机冲杀。瞬间，在前下方发现有四架散了队的敌机。李汉大队长又加大油门冲了过去，当绕飞至最后一架敌机的后方六百米处时，敌机刚好被套进瞄准光圈。李汉大队长当即按动炮钮开火射击。几发炮弹打中了敌机的尾翼，敌机拖着长长的浓烟向南逃去。

乘胜前进　群鹰翱翔

当李汉大队长连续击落击伤三架敌机的胜利消息传开后，整个前线空军部队欢欣鼓舞，沸腾起来了。志愿军空军党委和政治部发出文件要求发扬我党我军光荣传统加强政治工作，号召政治工作要“面向机场”“深入机场”“首先要做好飞行员的思想工作”。一〇四部队政治部，根据飞行员的思想变化规律以及米格歼击机的特点，开展了针对性很强的生动活泼的政治思想工作。在参战前，开展以抗美援朝保家卫国为中心的爱国主义和国际主义的教育。紧紧结合战斗形势和空战任务进行工作，使全体指战员明确认识到美帝国主义是一只纸老虎，是可以战胜的。在战争中，针对新飞行员在初战之前，对空战心中无数、有顾虑等情况及时采取敌我对比。李汉大队长分别到参战部队介绍击落击伤敌机的亲身经验。李大队长介绍的经验有三个方面：一是，指挥明确、决心果断是击落敌机的头条经验；二是，勇敢的精神、迅猛的动作是击落敌机的关键；三是，熟练的战术技术动作是击落敌机的重要一环。在前线空军部队中广泛开展学习李汉大队长的活动。在战后，组织飞行员开展“评指挥”“评动作”“评纪律”的三评活动。还通过战术研讨会、典型战例分析会、专题战斗总结等形式，提高空勤人员的战术技术水平。李汉还组织本大队开展地面苦练空中精飞活动，不断提高杀敌本领。

在李汉大队长的带动下，一〇四部队掀起了“边打仗，边建设；边打仗，边训练”的热潮，部队陆续轮换参加实战锻炼进一步提高了部队的空战能力。初战的锻炼使我参战的指战员经受了考验，获得了一些宝贵的经验，增强了战胜美帝国主义的信心和勇气。二十八大队的雄鹰，在李汉同志的带领下，越飞翅膀就越硬，越飞战术技术水平就越高。敢于打大仗，打硬仗。

这一胜利，揭开了空战之“谜”，在人民空军的战史上留下了光辉的一页。它标志着志愿军空军沿着“从实战中锻炼，在战斗中成长”的道路迈出了重要一步，美帝国主义大肆鼓吹的“空中优势”，从此开始破产了！

（本文选自中国红故事网）

抗联孤胆英雄翟学忠

文 / 梁怀峰

1938年5月，根据中共吉东、北满临时省委的决定，东北抗日联军开始了长达七个月的西征。由于孤军深入敌人统治的心脏地带，加之西征的主要领导人、吉东省委书记宋一夫叛变投敌，致使西征军付出了惨重代价。周保中领导的抗联第二路军两大主力之一——四军已在西征途中全部牺牲，五军一师由于师长关书范的叛变也已损失殆尽，二师余部辗转于南满各地与敌作战，最后回到吉东时只剩下了三个人。与此同时，日伪军更是加紧了对我抗联部队的残酷“围剿”，到了1939年抗联部队面临的形势越来越严峻。

此时，身为第二路军总指挥的周保中没有气馁退缩，他重新调整作战部署，在指挥将士们浴血奋战的同时，又秘密地开辟了一个新的战场。他从五军中抽调一些机智、勇敢、具有独立作战能力的抗联战士组成小部队，用自己当年在上海和周恩来一起从事特科活动时学到的本事，教他们学会爆炸和暗杀技术，派他们深入敌人的“心脏”，对日军在东北的重大经济、军事项目实施攻击，先后成功炸毁了日军设在宁安的汽油库、镜泊湖的水力发电所、桦川湖南营水力发电所和珲春甘井子机场、油库等要害设施。

勇挑重任

抗联五军的翟学忠、刘德胜、李有、韩顺四位同志是久经沙场的老游击队员，他们机智勇敢，曾多次出色地完成战斗任务，炸毁镜泊湖水电所和湖南营水电所的重任，便落到了他们四人的身上。临行前，周保中把写有“宁安县山东会馆五十三号朱李（五十三号是当时宁安县委的代号）”介绍信交给了他们，反复叮嘱他们：“一定要胆大心细，一定要以最小的代价获取最大的胜利。不仅要保证完成任务，还要保证完整地回来，到时候，我给你们庆功！”四位勇士异口同声地回答：“请总指挥放心，我们保证完成任务！我们尽力争取回来见您！”他们四人与周保中指挥、柴世荣军长和季青政委告别后，踏上了深入“虎穴”的征途。

此时正值1939年的深秋，从依兰到镜泊湖不仅路途遥远，还要绕过敌人的重重关卡，可谓困难重重。翟学忠他们四人秘密穿行在林深树茂的张广才岭的深山中，带的干粮很快就吃没了，只好采野果子吃，喝山泉水。寒冷、饥饿、疲劳和重重危机并没有动摇他们执行任务的决心，脑子想的全是如何完成任务。虽然他们都曾向周保中总指挥保证过要活着回来，但他们每个人心里都非常清楚，想在日军严密把守的地方得手，无疑是虎口拔牙，此去真的是凶多吉少，能不能再见到战友们还真的难说。翟学忠想起了出发前周保中的叮嘱，感到肩上的担子沉甸甸的。他告诫大家，开弓没有回头箭，无论如何，任务必须完成！一种悲壮和激昂的情绪萦绕在每个人心头。

快到勃利时，按照事先安排，他们四个人分成了两组，翟学忠和刘德胜去镜泊湖，李有和韩顺去南湖营子。他们既没带武器，也没带弹药，除了临行时周保中给他们每人两块伪币当作两天的吃住钱外，其他什么都没带。翟学忠和刘德胜走了两天两夜，在勃利城外二十余里的小五站住了下来，顺便找点活干，为的是解决吃住和路费。

身陷魔窟

北国的深秋，寒气逼人。翟学忠和刘德胜来到勃利城准备添置一些过冬的衣裳。两个人买完东西时天已到傍晚，只好在一家客店住了下来。未曾料到，这一住却住进了牢狱。夜里，一群伪军冲进店里，对所有的人进行搜身检查，并把他们都抓了起来。情急之下，翟学忠把与宁安地下党组织联络的介绍信吞进了肚子里。第二天，伪警察再次对他们搜身，并厉声向他们索要“劳工票”（当时敌伪机关发的劳工证，所有的老百姓出外干活都要有“劳工票”），若没有便被当作“浮浪”（坏人）处理。他们二人谎称前些日子在过江的时候，船翻了，连人带包都掉到了水里，过冬的衣服和“劳工票”都没了。第三天，伪警察仍不死心，把他俩带到一间刑讯室，恐吓他俩是“抗联”。翟学忠从容不迫，假装糊涂地说不知道什么是“抗联”，自己是一个地地道道的庄稼人，除了会干活，别的啥也不懂！满脸横肉的伪警察又气势汹汹地问他的眼睛是怎么回事。翟学忠的右眼是在1936年的一次战斗中负伤后失明的，所以引起了敌人的怀疑。他一口咬定，眼睛是小时候得天花时瞎的。敌人气得大声吼叫，说翟学忠“撒谎！是抗联”，翟学忠坚决不承认。恼羞成怒的伪警察命令手下狠狠地打翟学忠，翟学忠被敌人打得遍体鳞伤，可他就是一口咬定是小时候出天花时瞎的。敌人没有得到什么消息，气急败坏地又把他和刘德胜关进了牢房。

逃出虎口

一天，在监狱放风的时候，翟学忠意外地发现了到这里给伪军办事的同学雷寿鹏，这使翟学忠非常惊喜，紧锁的心豁然开朗。雷寿鹏，就是周保中总指挥向翟学忠经常提起的“雷大个子”。六年前，周保中被自卫军的几个士兵当成日本探子抓了起来，首先用绳子绑周保中的就是雷大个子，雷大个子的爽直率性和对日本人疾恶如仇的民族气节给周保中留下了深刻的印象。

翟学忠偷偷地把雷寿鹏拉到一个偏僻的地方聊了起来。翟学忠得知自卫军被日军打散以后，雷寿鹏回家务农。去

这是抗击日本侵略者的东北抗日联军第四军

年，雷寿鹏被抓到这里做了劳工。雷寿鹏什么也没问，表示要设法救老翟出去，翟学忠心里非常感动。他俩见面次数多了，经过再三考察，翟学忠知道雷寿鹏在这里给伪军干活实在是被逼无奈。趁一次放风的时候，翟学忠“无意”间聊起了曾被雷寿鹏绑起来要杀掉的“南蛮子”——周保中时，雷寿鹏情绪激动起来，他除了表达对周保中的敬意外，还急切地问周保中和他的部队在哪里。雷寿鹏从内衣的破补丁里掏出了一绺他老婆的头发，哭诉了他老婆被日本兵糟蹋后悬梁自尽的不幸经历，坚决表示要投奔周保中杀日本人。此时，翟学忠真想表明身份，但是斗争的复杂、地下工作的纪律以及自己的使命，令他没有马上回答雷寿鹏。雷寿鹏见翟学忠没有表态，便干脆地说：“老翟，这两天虽然你没说啥，但我也做了准备。”说着，他从腰间掏出一支手枪，偷偷递给翟学忠说：“我们今晚一起越狱，你如果发现我有诈，就立即毙了我！”翟学忠听后感动不已，紧握着老同学的手表示相信他，两人决定当天晚上就行动！翟学忠告诉雷寿鹏如果越狱成功，就到林口南山石砬子从东往西数第三个裂缝中取联络信号，找到五军的联络处，向负责人说明翟学忠他们目前遇到的困难，并要雷寿鹏在组织的帮助下，想方设法把“劳工票”和炸药送来。

当天深夜，在雷寿鹏的帮助下，他们三人成功越狱。越狱后，雷寿鹏找到联络暗号，几经周折，终于见到了周保中。两人见面自然都激动不已，雷寿鹏详细地汇报了翟学忠他们炸镜泊湖水电所所遇到的困难和要求。周保中听完后，立即用代号写了一个条子，让他连夜赶回镜泊湖小沙滩村找宫焕卿想办法。

火烧敌油库

雷寿鹏翻山越岭，日夜兼程，几天后顺利地找到了宫焕卿，搞到了炸药和“劳工票”。他按预定时间在预定接头地点却没有见到翟学忠和刘德胜，就只好到第二个接头地点去接头。原来，有了上一次被日伪军抓进监牢的教训使翟学忠更加谨慎了。他到了宁安的山东会馆以后，发现这里只是一座庙。他按照联络暗号进行接头，而庙里的和尚竟浑然不解。和尚只告诉他们二十天前日本人在这座庙里抓走了两个人。翟学忠分析，显然这里的联络地点遭到了敌人的破坏。

傍晚，翟学忠和刘德胜两人投宿宁家店，按照周保中的要求，他们要在这里寻找六年前周保中在这里做地下工作发展的一些老关系。六年过去了，早已物是人非，他们心里一点底也没有，躺在大车店滚热的大炕上，谁也无法入睡。半夜，突然全城戒严，日伪军闯进店里，把所有的人都强行押上火车，拉到边境上修所谓“国防工事”。深夜，被抓的劳工们横七竖八地躺在车厢里，除了两个汉奸劳工长抱着枪呼呼地大睡外，其他的人都无法入眠。大家都知道此去凶多吉少，即使侥幸没有累死，凶残的日本人最后为了保密也会把他们活埋在山洞里。翟学忠和刘德胜都是久经沙场的老战士，琢磨着如何逃出去。午夜时分，两人互相使着眼色，假装要小便，突然夺过枪刺死了两个伪劳工长，飞快地从车窗跳出，消失在茫茫的黑夜里。

在通往镜泊湖的路上，他们路过宁安东南五道河子附近的鹿道镇。这里是牡丹江至图们铁路线上具有战略意义的军事重镇。周围群山环绕，日军正在这里修筑暗堡和军人电影院。此时雷寿鹏带着炸药和“劳工票”赶到了这里，他们两人藏好炸药后，便装扮成劳工混到了水库工地上干活。经过仔细观察后，他们决定先把这里的汽油库和建筑物资烧掉，但他们没有引燃工具和雷管。他们决定就用周保中在军事课中教授的夹馅烟卷燃烧办法，实施爆炸。当天晚上，他们把点燃的烟卷与油纸、炸药偷偷地放好后，就回宿舍躺下了。二十多分钟后，水库那边工棚突然燃起了熊熊的大火，工地上的沥青和其他油类物资全都燃烧了起来，火光冲天，警笛大作，呼喊声、口哨声乱成一团……翟学忠和刘德胜趁着敌人慌乱之际，在救火的间隙，钻进了深山。后来得知，这熊熊的大火整整燃烧了一夜，日军的沥青和油料等物资全部被烧光，工程被迫停止。

智炸水电所

镜泊湖位于宁安县城西南七十公里，古称忽汗海，清末时开始叫镜泊湖，是由第四纪火山爆发玄武岩流堰塞牡丹江而形成的湖泊。湖泊细长弯曲，湖深水清，群山环抱，湖光山色，秀美宜人。日军为了加紧对牡丹江的经济掠夺和进攻苏联的军事需要，便在这里大搞军事工程。湖的北面出口处，滔滔的湖水形成了落差二十多米的吊水楼瀑布，日军便利用瀑布形成的强大的落差水势，在湖的北头修建水力发电站和飞机场。因为是重要军事工程，所以日军把守异常严密，仅电网就有好几道。这时，由于湖南营子那边的爆破出现了困难，刘德胜赶去支援了，爆炸镜泊湖水电站的任务，便落到翟学忠一人身上。因为在勃利被捕的时候翟学忠将联络密码和介绍信都吞到了肚子里，因此他无法与这里的地下党取得联系。他既没有炸药，也没有雷管，更没有“民工证”，因此无法接近水电所。翟学忠心急如焚，一筹莫展。

一个多月过去了，镜泊湖水电所安然无恙，周保中意识到翟学忠的工作遇到了很大的困难。于是，他派副官乔德贵急赴镜泊湖小沙滩村找地下党交通负责人宫焕卿同志，并交代了与翟学忠的

联络暗号。宫焕卿按照信号及时地与翟学忠取得了联系，他按照翟学忠的要求，几经周折送去了炸药和爆破器材，并为翟学忠搞到了一个当地的“民工证”。翟学忠按照宫焕卿的建议混进了采石头组。在劳动中，他又趁机一点一点地把爆破器材、雷管、炸药等搬到离水电所较近的一个石洞里。如何将炸药等物品带进水电所，成了一个很大的难题。因为进水电所时敌人把守得非常严格，规定连个火柴都不让带进去。翟学忠绞尽了脑汁，最后采取将炸药放进饭盒夹层的妙招，一天带进去一点，积少成多，最后竟然带进去了六公斤炸药。一天，渐渐取得日本人信任的翟学忠终于有了机会，将六公斤炸药全放进了就要建成的水电所的核心部位，还安放了延时装置。两小时后，早已离开的他听到了一声巨大的爆炸声，日军费尽心机修建的二号锅炉瞬间被抛向了天空！

为了表彰翟学忠的英勇事迹，周保中将军代表二路军总指挥部，授予他“孤胆英雄”称号，并号召全军将士向翟学忠同志学习。

（本文由牡丹江市博物馆和烈士纪念馆供稿）

夜战三井

文/左　齐

独臂将军左齐

左齐（1911年—1998年），江西永新人。1929年加入中国共产主义青年团，1932年转入中国共产党，同年加入中国工农红军。土地革命战争时期，任红六军团十七师四十九团连指导员、团总支书记，红六军团政治部宣传队队长。抗日战争时期，任八路军一二〇师三五九旅司令部作战参谋，三五九旅司令部作战科、侦察科科长，七一七团参谋长，七一八团政委，南下支队供给部政委。解放战争时期，任晋绥军区第五军分区副政委、司令员，西北野战军第二纵队政治部主任，第一野战军第二军政治部主任。中华人民共和国成立后，任南疆军区副政委、政委，新疆军区副政委兼政治部主任，济南军区副政委、顾问。他在新疆生活、工作、战斗了二十多年，为保卫和建设新疆作出了重要贡献。1955年被授予少将军衔。

1937年11月太原失陷后，侵华日军为巩固其后方，策应对晋南的进攻，1938年2月中旬，集中一万余兵力向我晋西北抗日根据地进攻。我八路军第一二〇师当即令三五九旅主力北上，阻击向兴县进攻之敌。时值初春，晋西北大地仍然积雪皑皑，寒风刺骨，原野上的树木光秃秃的，一座座被日军烧毁的房屋突兀其间，更显得分外苍凉。自然界的萧森景色和日军蹂躏我国土的惨象，使我们的心情十分压抑，也更加意识到肩上担子的沉重。

当时，我们三五九旅的主要战斗任务是围攻岢岚县城之敌。旅长王震同志是个急性子的人，一接到战斗任务就浑身来劲，立即指挥全旅于3月7日，逼近岢岚城下，并迅速夺取了城南、城东高地，控制了城西北的制高点。我军四面包围城池，好像打猎下了围场一样，把敌人紧紧压缩在岢岚城内。岢岚城坐落在三山环抱之中，山上有长城的遗迹，几棵老树迎着寒风，不甘屈服地挺立着。我当时任旅部参谋，在我军对岢岚完成包围后，便随王震旅长一起登上山头察看岢岚地形。岢岚城不算大，但却相当坚固，城墙结实，城门高大。我们俯视城里，只见日军横行霸道，屠戮妇幼，尸遗街巷，一派惨象。王震同志愤怒地骂道："野兽！野兽！"

察看地形回来，王旅长当即组织大家研究部署。在大家发表意见之后，王震旅长根据岢岚城易守难攻的特点，果断地决定采取围困袭扰的方法，迫敌出逃，然后在运动中予以歼灭。为了逼敌出城，我们在围困的同时，派出部队堵塞了通向城里的水渠。

一断水源，敌人慌了，忙派出部分士兵打开南门出来饮马，我伏击组乘机将其击毙大半，余敌仓皇牵马缩回城里。隔了一天，日军又以武装掩护出来饮马，哪知我机枪组当即以密集的火力，打得敌人那一匹匹洋马有的倒在水中，有的瘫在坡上。马夫和掩护的日军同他们的马匹一样不死即伤，哀嚎不息。城里的日军见此情景，盲目地朝山上乱放了一通炮，但都不敢出城门接应。到了夜里，一小股日军又偷偷地从城墙上用绳子溜了下来，用帆布桶往上吊水。哪知我军早已在城墙根下遍布暗哨，敌人下来一个，就被我们收拾一个。就这样，围困了三天，城内的日军再也支持不住了。10日上午，只见城内乱哄哄的，人喊马嘶，鸡飞狗跳，我们估计，日军可能要破门而逃了。

王旅长站在土窑里，双目凝视着墙上的地图，敌人会往哪里逃呢？而我们怎样消灭他们？他不停地来回走动着，思考着，猛地，他拿起红铅笔，在岢岚城右上方的三井镇划了个大圈。

下午，王旅长正准备吃饭，七一七团团长刘转连同志报告："敌人打开北门跑了，我们的部队正在追击。"

"老左，收起地图，走！"一听敌人跑了，王旅长从饭盒里抓起几个山药蛋，边吃边走，还不时地对刘团长说："敌人是骑兵，我们步兵追不上。现在天黑了，估计他们跑不了多远，很可能在三井镇住下。你们立即派出骑兵侦察队，摸准情况。如果敌人在三井镇宿营，我们就夜袭三井，全歼该敌于三井！"

果然不出王旅长所料，敌人在三井镇宿营了。日军在岢岚城被困多日，个个饥渴难挨，不得不在三井镇稍事休息，以恢复体力。但他们做梦也没想到，刚逃出岢岚“围场”，另一个罗网又罩在他们的头上。

三井，距岢岚县城约五十公里，是个坐落在山沟里的小镇，四面一圈土城墙，一条大道贯通镇内南北，村民们大多靠东居住，房屋零乱地散列着，方圆不过一两公里。镇的两边是高高的黄土坡，整个地势好似古罗马斗兽场。

敌人刚刚进驻三井，我们的部队即跑步赶到，并迅速在四围展开。旅指挥部设在镇南一个土堆处，王旅长不顾长途跋涉的疲劳，立即指示部队抓紧时间埋锅做饭，休息整顿。接着他又把团、营干部找来，研究作战部署。

在烛光下，我铺开地图，王旅长指着三井正面，对七一七团三营营长冯光生说：“你们营从三井地区参军的人多，地形熟悉，担负正面进攻，从南打进去，向北发展。”冯光生是一员猛将，一听打主攻，高兴得一拍大腿：“要得，请旅首长放心，我一定要打好这一仗。”王旅长又令该团一营配合三营从东面打进三井，二营尾随三营，巩固阵地，扩大战果，并令七一八团二营作为预备队。几个营长当场向三营冯营长挑战。

贺龙在晋西北讲话

王旅长看到部属争强好胜的那个劲头，满意地笑了。我作为一个参谋，看到这情景，也掩盖不住内心的喜悦。

几个营长一走，王旅长便马上对我说：“集合部队，我讲几句话。”半袋烟工夫，队伍雄赳赳地出现在公路上。寒风一阵阵呼啸而过，战士们静静地听着。

王旅长的声音盖过了寒风，铜钟般洪亮：“同志们，三井的敌人已成落水狗了。他们夹着尾巴逃出了岢岚，但逃不出三井。我们一定要来他个一鼓作气，痛打落水狗！”

话音刚落，队伍里顿时响起阵阵口号：

“坚决打好这一仗！”

“坚决歼灭三井之敌！”

天空闪着几颗稀疏的星星，四周黑沉沉，静悄悄。我们的队伍在夜色中迅速包围了三井。

此时，敌人刚在三井稍稍喘了口气，但心头仍然很紧张，天黑了，也不敢睡觉，并派兵把守城门，还在城墙边布了一道防线。只见那高高的土城门上，不时出现望风的敌哨兵，城墙四周一个个黑影在移动。

23时许，一阵激烈的手榴弹和枪声打破了三井的寂静，战斗打响了。冯营长率领三营，闪电一般朝南门扑去。敌人从城门上射出子弹，枪口喷出红红的火舌。黑暗中，我们一个战士中弹倒下了，后面的战士奋勇前进，一个个身影敏捷地在敌人火力下运动。

“轰轰！”一排手榴弹爆炸了，敌人惨叫着倒下一片。后面的日军见势不

1943年秋，晋西北抗日根据地我军进行反“扫荡”动员

妙，慌忙增援，但冯营长带领的突击队已火速冲进了城门。双方在城门相遇，展开激烈争夺，手榴弹炸出团团火花，子弹在空中划出道道弧线。我跟王旅长站在南门的烽火台边，全神贯注地观察着战斗的进展。我们借着亮光，看见敌人在街心筑了一个环形防御工事，密集的火力呈扇形从那里扫射出来。王旅长正要指挥部队打掉敌工事，忽听轰轰连声巨响，几发炮弹落在烽火台下，炮弹掀起的泥土溅了王旅长一身。我为他的安全担心，忙伸手去挡他，可王旅长抹了抹脸上的泥土，满不在乎地摇摇手：“没有事，没有事！”说着，又跑到烽火台外面，继续注视战斗的发展。

街上闪动着影影绰绰的手电亮光，那是三营在敌前运动。我们的同志练就了夜战的高强本领，战士们个个都是“夜猫子”“夜老虎”，借着夜幕的掩护，一会儿卧倒，一会儿跃起，一会儿飞跑，悄悄摸到日军的中心工事近前。敌人只顾朝城门射击，没料想我军已摸到眼前，我们一排手榴弹扔出去，随着爆炸声响，一群日军见了阎王，步枪、机枪和山炮也成了哑巴。

前进的道路打开了。我军后续部队踏着敌人的尸体蜂拥而上，一部分人夺取了敌人的阵地，一部分人继续向前面穿插，日军赶紧收缩，凭借围墙构成支撑点。我们的战士则沿着房屋的土墙飞速运动，睁大眼睛注视着敌情。一个日军凭借大房子朝外射击，火光暴露了他的位置。我方一名大个子战士迅速靠近，突然伸出枪，一刺刀扎进了敌人的胸膛。

逃到三井的敌人，总共有五六百人，虽然是残兵败将，但困兽犹斗，仍顽固抵抗。我军采取机动灵活的战法，穷追猛打。在我七一六团三营打开南门的同时，七一八团二营也从西门打了进去，由西往东穿插。我军攻进南门与攻进西门的部队互相呼应，对敌构成了一个夹攻的态势。日军见势不妙，步步后退，我们的战士步步紧逼，很快与敌人展开了巷战。敌人逐房逐巷据守，我军逐房逐巷地争夺。西门内一幢大房子里的一股敌人眼看顶不住了，正想分散躲藏。我七一八团二营营长刘源远率领该营悄悄抵近，从窗户里丢进去一颗颗手榴弹，炸得房内敌人叽里呱啦乱叫，我军趁机冲进去全歼了敌人，但刘源远同志却在战斗中光荣牺牲。

战斗越打越激烈，为了及时抢救伤员和打扫战场，七一七团政治处主任刘理明同志，带着政治处的人员也投入了战斗。他在火光中跑来跑去，指挥大家救护伤员，搜集遗弃在街上的枪支、大车、马匹和弹药。

敌人仅有的一门山炮被我们夺过来了，战士们忙跑过去要把它推出城，然而，炮太重了，几个战士推不动。刘理明同志把一个伤员背出城，又赶忙回来帮助战士们推炮。

山炮，是敌人的命根子。一股日军见山炮被我们缴获，立即组织了加强班，以猛烈的火力向我军推炮的战士射击，企图夺回山炮。子弹织成了雨帘，啾啾地在炮身上飞溅。刘理明不顾生命危险，指挥战士们推着山炮往城外跑。突然一发敌弹击中了刘理明同志，他身子摇晃了一下倒下了。战士们悲痛地将刘理明抱起想把他送出城。这时他用尽最后一丝力气说：“别管我，拖炮要紧！”说完，便永远地闭上了眼睛。

战士们含泪背起刘主任的遗体，用力推起山炮呼喊着“为刘主任报仇”，愤怒地消失在夜幕中。

战斗仍在激烈地进行着，王旅长披着件黑塌塌的老羊皮大衣在烽火台边走来走去。

忽然，一排战士押着一溜举着手的日军走来，我和王旅长一阵欢喜：嗬，抓到俘虏了！

原来，冯光生带人冲到镇中，敌人防御不及，见同伙纷纷触电般地倒地，一个个吓得失魂落魄。就这样，我们抓了十多个俘虏。

夜深了，整个三井的街巷里，不时传出阵阵枪响和手榴弹的爆炸声，以及敌人战马的嘶鸣和日军绝望的呼号声。

我七一七团刘团长指挥二营紧跟在三营后面，边打边搜索，很快插进了镇子。此时，七一七团一营和七一八团二营，也沿着镇上的东街不断地向前攻击。

敌人在我军四面攻击下，已面临灭顶之灾，慌忙化整为零，分散抵抗。我军则迅速采取小股游动的方法进行攻击。

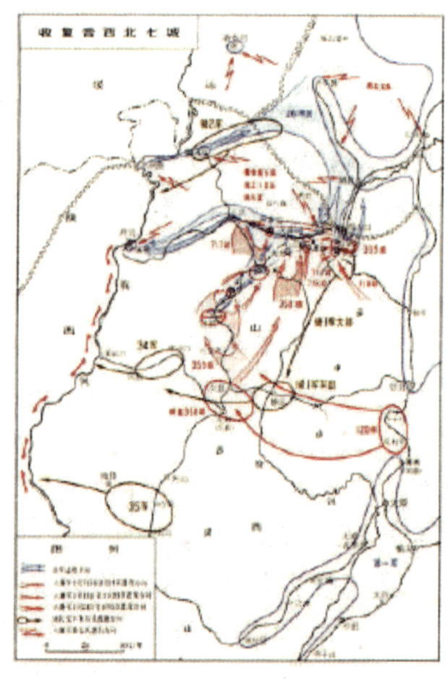

八路军收复晋西北七城作战要图

战斗发展顺利。两个小时后，日军已被打死大半。就在这时，一个战士跑来向王旅长报告，说捉住一个日军翻译官。那家伙是东北人，一见王旅长便赔罪讨饶，并哀叹地说：“你们八路军真神，日军有马乘骑也没逃脱你们两条腿的追击，命该如此。”

夜已经很深了，镇上已没有一星灯光。王旅长考虑到我们部队新兵多，夜间联络不畅，当晚彻底解决战斗有一定的困难。于是他决定停止攻击，命令各营就地休整，并派部队监视敌人，待拂晓再行聚歼。

第二天雄鸡破晓之时，我军发起了歼灭残敌的攻击。突然，空中飞来数发炮弹落在我们的阵地上。原来是国民党赵承绶部从向家坡打过来的炮，日军残余二百多人乘机逃向五寨。赵承绶部的一个炮兵连，本是商定参加这次战役的，但是，由于盲目射击，不仅没有打着敌人，反而帮了敌人的忙。

经过一夜激战，我旅除歼灭日军三百余人外，还缴获了一批武器弹药和其他军用物品。三井胜利的消息传遍了晋西北，人民群众络绎不绝地前来慰问。部队奉命休息，王旅长却又忙着接待前来慰问的人民群众，直到黄昏时分，他才回到乌黑的窑洞，盖上那件老羊皮大衣，倒头便睡。

见王旅长如此辛苦，我和秘书刘亚生便把电台的同志养的一只小狗杀掉，准备给王旅长改善一下生活。哪知王旅长并未睡着，一听说要吃狗肉，瞌睡顿消，一骨碌爬起来，拍着我的肩膀：“哈哈，刚打了落水狗，就吃上了狗肉，有意思！”他见刘亚生不会做，夺过刀自己切肉、烹炒，不一会儿锅里冒出油香，三人盛着对吃起来，还不时开着玩笑。刚吃完饭，部队又集合了。王旅长骑马走到队伍前面，把手一挥：“出发！”

顿时，在朦胧的夜色之中，我们的部队又大踏步向五寨县城前进，投入新的战斗。逃往五寨的残敌不敢停留，夹起尾巴逃跑了，我军随即收复了五寨县城。

（本文由八路军太行纪念馆供稿）

左齐将军的书法

左齐与夫人陆桂杰的合影

午城、井沟之战

文 / 陈士榘　刘西元

刘西元

陈士榘（1909 年—1995 年），湖北荆门人。1927 年加入中国共产主义青年团，同年参加湘赣边界秋收起义并转入中国共产党。土地革命战争时期，任红十二军三十四师参谋长，红一军团司令部作战科、侦察科科长，第四师参谋长，红三十军参谋长、代军长。抗日战争时期，任八路军一一五师三四三旅参谋长，晋西支队司令员，一一五师参谋长，山东滨海军区司令员。解放战争时期，任新四军兼山东军区参谋长，华东野战军参谋长兼西线兵团司令员，第三野战军第八兵团司令员，南京警备司令员。中华人民共和国成立后，任华东军政大学副校长，中国人民解放军军事学院训练部部长、教育长，中国人民解放军工程兵司令员兼特种工程指挥部司令员、政治委员，中共中央军委顾问。1955 年被授予上将军衔，荣获一级八一勋章、一级独立自由勋章、一级解放勋章。1988 年被授予一级红星功勋荣誉章。

刘西元（1917 年—2003 年），原名刘熙元，江西吉安人。1930 年参加中国工农红军，同年加入中国共产主义青年团，1932 年转入中国共产党。土地革命战争时期，任红三军团政治部青年干事，红一军团四师十二团政委。抗日战争时期，任八路军一一五师三四三旅六八六团营政治教导员、六八六团政委，鲁南支队政委，教导第二旅六团政委，滨海军区滨北军分区政委。解放战争时期，任通化支队司令员兼政委，独立第二师师长兼政委，东北野战军第三纵队副政委，第四野战军四十七军副政委。中华人民共和国成立后，任中国人民志愿军第三十八军政委，总政治部青年部副部长，总政治部组织部部长，总政治部副主任，兰州军区副政委，南京军区副政委。曾当选共青团中央书记处书记，中华全国民主青年联合会副主席、主席。1955 年被授予中将军衔，获二级八一勋章、一级独立自由勋章、一级解放勋章。1988 年被授予一级红星功勋荣誉章。

1937 年底，我一一五师三四三旅在取得广阳战斗胜利之后，进驻山西省洪赵地区休整。同时，派人组成扩军小组，协同地方宣传抗日救国道理，号召爱国青年参加八路军。仅二十多天，六八五团在赵城一带，六八六团在襄垣、屯留一带就动员了三千多人参加了我们的队伍。

1938 年 2 月中旬，侵华日军第一军司令官香月清司中将集中第二十、一〇九、一〇八、十四师团各一部向晋西南进犯，以配合沿津浦、平汉路南犯日军向黄河以北和以东广大地区的进攻。第二十师团于 2 月 27 日占领临汾，3 月 1 日占领蒲县，而后主力继续沿同蒲路南犯，另以四千人由蒲县西进，企图占领大宁和马斗关渡口，窥视我陕甘宁边区。

为了阻止日军南犯，国民党军队展开反攻太原的态势，并派部队进入中条山区准备北上。

这时，我八路军总部为支援晋南国民党军队作战，粉碎日军西犯企图，巩固刚刚开创的吕梁山抗日根据地，令第一二〇师和一二九师分别截断同蒲路和正太路，令我一一五师三四三旅在隰县的午城和大宁县一带，寻机打击日军。为随时准备在日军从太原南犯、西侵之

1938 年陈士榘（左一）、罗荣桓（左二）、李天佑（左三）、萧华（左四）在晋西孝义的留影

际，配合友军作战，防止日军西渡黄河，我们便选定了山西省永和县至陕西省延川县之间的永和关、清水关、延水关为预备渡河点，待机行动。我们的方针是：日军西渡黄河，我也西渡，日军不渡，我也不渡，并随时准备打击敌人。

此时，退到临汾的晋绥军，又从临汾转移到了吕梁山的隰县、大宁、吉县等地。当时阎锡山经数次向国民党中央政府请求，才允许其第二战区指挥部过黄河移至陕西宜川县秋林地区，但不准部队过黄河以西，只能坚守山西。阎锡山此时也提出了“守土抗战”的口号。在退无可退的情况下，身为第二战区司令长官的阎锡山才命他的第十九军组织了一次“川口战役”。该军新任军长王靖国将两个师部署于隰县东北的川口和大麦郊一线，想阻击日军前进，但失败了。日军又乘机占领了隰县和大宁，并企图从马斗关渡黄河，窥视陕甘宁边区。

当友军阻敌时，我三四三旅又奉八路军总部命令，在一一五师师长林彪、师政治部主任罗荣桓和旅长陈光、旅政委萧华率领下，北上汾阳、孝义地区，以支援友军作战，粉碎日军西犯黄河的企图。3月2日9时许，林彪事先没有向友军打招呼，就穿着缴获的日军大衣，骑着日军的马，在隰县以北的千家庄被友军哨兵误伤，后被送往医院治疗。3月2日17时许，八路军总部任命三四三旅旅长陈光代理一一五师师长，六八六团团长李天佑代理三四三旅旅长。10日，陈光离开了旅部至碾头师部工作。李天佑因病先被送往汾阳天主教堂医院治疗，以后又被送往延安转送苏联医治，六八六团由杨勇政委代理团长。这时，三四三旅只剩下萧华政委和陈士榘参谋长带部队驻守在汾西县的勍香镇、兑九峪一带待机。

3月15日，我们鉴于半个来月的行军作战，部队疲劳，又因火线剧社来演出，旅部决定在动香镇休息一天，并和山西青年抗日决死队第二纵队及当地友军、人民群众一起联欢。近黄昏时，参谋将一份师部的电令送给陈士榘，其内容是：14日由临汾增援到蒲县的日军，先头五六百人已向午城开进，中午12时和我师部直属队遭遇，师警备连迅即占领午城镇东北的高地抗击敌人，激战两小时，毙敌一百余人，后因敌后续部队赶到，且兵力为我军十倍，该连才撤至午城西北侧高地与敌对峙，以便掩护我主力部队及友军进入机动位置。14时许，日军占领了午城。师部令六八六团迅速赶回义泉镇地区，准备打击西进之敌，粉碎敌人进犯陕甘宁之企图。电报中还讲到，六八五团已与师部隔断，宿营于谙正村、黄头村一线。看了电报，陈士榘立即同萧华政委商讨应变计划。根据电令，我们部队应立即出发。于是，我们把这一情况向火线剧社的领导同志讲了，并请他们在联欢会场向友军及人民群众讲清，暂停演出。剧社的同志也真有办法，他们回到后台不久，便由一个小同志从幕后走了出来，讲了一段激昂的闭幕台词：“敌人又向西进攻了，战争迫使我们今天准备的新剧不能满足诸位的期望，让我们打了胜仗再来开祝捷同乐会吧！”

部队经过简短动员，于黄昏时分离开就香镇。整个吕梁山区春寒料峭，乌云笼罩，指战员们沿着崎岖山路向西疾进。晨曦微露，部队到达了上儿岭、上下庄一线。

就在我们行动的同时，日军也在行动，继续西进大宁。根据师部意图，我们旅又决定旅部率六八六团到公路以北的上下龙花一带集结，寻找隐蔽位置，准备在那里打一仗。六八五团转至大宁至午城之间相机截敌。各部队接到命令后，迅速向指定地点出发。

在我们进入隐蔽位置时，日军的飞机由蒲县向午城方向进行低空侦察，几乎是擦着我们的头顶而过。由于我们有了平型关、广阳等战斗的经验，部队隐蔽得很好，所以敌机白飞了一趟。

曾被师部警备连拦阻在午城的日军第二十师团一部，又向西开进了，一到罗曲镇，便遭到我埋伏在这里的由杨得志团长率领的六八五团的猛烈侧击，二百多名日军被击毙，一百余匹骡马也全部被我军缴获。

3月17日，日军从蒲县城出动六十多辆汽车，由六辆卡车载着步兵保护着向大宁方向运送物资；大宁之敌则派了五百多人，带着两门炮前来接应。当大宁之敌进到罗曲镇附近的上下乌时，早已等候在那里的我六八五团指战员立即开火，将这股敌人打了回去。敌军从蒲县城出来的车队毫无惧意地向前开着，慢慢进入了我军的伏击圈。隐蔽在那里的六八六团指战员立即开火，截获敌人汽车六辆，并消灭了二百余人，其余的敌人开着车逃跑到午城，与那里的五百多敌人聚集在一起。根据敌情，旅部立即命令两个团东西夹击，将午城包围起来，准备彻底消灭该敌。午城镇位于吕梁山脉中南部山区腹地，北通隰县，东达蒲县，西连大宁，是三条汽车道的交叉点。为了配合友军消灭西进的敌人，切断敌后方联络，使大宁之敌陷入孤立无援之境地，我们决定于当夜由六八五团两个连及六八六团三营为主攻部队，向午城镇敌人攻击，并夺取午城镇。决心下定后，立即向师部报告，同时，向部队发出动员令。

六八六团政委杨勇同志，亲自向三营教导员刘西元等干部交代任务，又派政治干部下去向战士们做了动员。三营的同志们接受任务后，都很兴奋，战士们纷纷表示，一定要打好这一仗，用实际行动来保卫黄河，保卫陕甘宁边区。有的老战士还用李天佑同志的一段小故事来做“文章”，说我们有天佑（天主保佑的意思），一定能打胜仗。这个故事是在不久前的2月间发生的。那时，我们进驻汾阳、孝义、兑九峪，李天佑同志因病被送到汾阳一家天主教会办的医院就

一一五师政委罗荣桓（右）代师长陈光（中）参谋长陈士榘（左）

医。医院一听说我们是八路军，对我们很友好，李天佑同志很快就和医生、护士们熟悉了。一天，有个护士在护理他时随便问他：“你信天主教吗？”李天佑同志很认真地回答：“我们是马克思主义者，只信马克思主义，不信天主教。”那位护士便说：“你不信天主，那你怎么取名叫‘天佑’呢？这不是要天主保佑你吗！”李天佑用一阵爽朗的笑声作了回答。这事让我们都感到很有意思，常常聚在一起用来说笑。

我们提前吃了晚饭，每个人在左臂上都缠上一条白布，作为夜间识别的标志。一接到师部命令，我主攻部队立即出发了，按时赶到了午城东南的预定集结地。午城的敌军，因连续遭我军打击，夜晚总防备着我们的进攻。当我六八五团两个连趁夜从东北向午城打来之时，固守在北山的日军虽进行了一番抵抗，但毕竟是惊弓之鸟，很快就支持不住了。与此同时，我六八六团三营从西北向东进攻，很快占领了敌人的工事，并消灭了部分敌人。敌人的汽车队见势不妙，就想逃窜。我们的战士冲上去就是一阵手榴弹，打得敌人的驾驶员连车灯也不敢开，驾车就往前蹿，可那么多车，天黑又找不着道，于是许多车在沟里乱冲乱撞。后来，有些车虽上了路，却又正好跑到我们的伏击地带。送上门来的肥肉，怎么能不吃？打！经过一阵猛烈袭击，敌人的六十多辆汽车全部报销了。

午城的这股敌人被消灭了，但我们非常清楚，他们是不会善罢甘休的，一定还会组织力量前来报复。旅部即令六八六团连夜出发，一定克服困难，争取拂晓前赶到佛连里集结，准备以一部分兵力埋伏在井沟、张庄以北的各条小沟里，并派人前去通知公路南边孙家庄的游击支队在南面山上设伏，六八五团担任控制午城镇和钳制大宁可能来援之敌。

18日拂晓前，我军全部进入了预伏地域。战士们以不怕艰苦，不怕牺牲，连续作战的顽强作风，怀着再打一次胜仗的心情等待着这天的战斗。

果然，早晨6时，临汾的日军第一〇八师团步兵六百人，骑兵二百人和一个炮兵中队，奉命西进驰援大宁，已由蒲县经薛关镇向午城前进。

侦察员们将这个消息报告旅部后，我们便立即通知各作战部队注意隐蔽，准备打击敌人。

由于敌人前几次吃了不少亏，今天行动时特别小心，他们用火力探索着缓慢地前进。9时，敌人的先头部队到达井沟、张庄。指挥官一声叱喝，一路纵队马上变成三路纵队，一个个日本兵都瞅着两边的山峦，胆战心惊。他们为了

离职休养后的刘西元将军

壮胆，还向东南面山上打了几炮。我们埋伏的部队，离他们只有二百米远，对敌人火力侦察那一套老把戏根本就不理会。过了一阵子，日军看看没有动静，指挥官又督促部队前进了。这时，趁着敌人放松警惕，我们从两面山上和沟道里发起了攻击，手榴弹一齐飞出，机枪喷射着怒火，井沟至张庄两公里多长的公路上顿时硝烟弥漫，日军全部处在我火力网下，一片混乱。

但是，敌人毕竟还是训练有素的部队，混乱了一阵，其先头部队立即组织占据井沟、张庄的石崖和井沟、张庄以南的龙王庙进行顽抗，四门大炮猛烈向我阵地轰击，战斗呈现胶着状态。被围困的敌人唯恐被我军一口一口吃掉，立即向他们的指挥所呼救。大约在下午1时，敌人便派了六架轰炸机从东飞来，朝我们的阵地一连丢了一百多枚炸弹。同时，敌人的大炮也凶猛地向我们轰击，被夹击的敌人乘机突围，并和我们展开了肉搏战。

敌人拼命了，我们的干部战士都懂得，这是一场战斗意志的较量。敌人拼，那是在挣扎；我们打，就是要坚决消灭他们。因此，同志们怀着誓死必胜的决心，在敌人飞机和大炮的轰击下，英勇地同敌人肉搏拼杀，打垮了敌人数次突围。在拼杀中，六八六团的两个营长负了重伤，副营长罗自坚、党总支书记萧志坚及其他营连干部大都挂了彩，有的壮烈牺牲了。就在这关键时刻，我们的共产党员们显示出了他们的英雄本色。干部牺牲了，他们就自动出来代理，带领大家继续向敌人冲锋，阵地上到处可以听见他们的声音：“同志们，不要管飞机，只管去消灭地上的敌人！”“用刺刀，用手榴弹，杀啊，打呀！”“为了保卫黄河，保卫陕甘宁边区，跟我来呀！”喊声与枪声一起震荡着战士们的心弦，鼓舞着整个部队的士气。

下午5时左右，战斗更加激烈，进入了决定胜负的关键时刻。敌人两次派出飞机轰炸也无济于事，我们在公路南的部队，利用居高临下的有利地形，配合北面的主力向敌出击，战至黄昏时，龙王庙、井沟一带的敌人全部被解决了，五百多个日本兵丧了命，把一门山炮也丢给了我们。此外，我们还缴获步枪一百余支，机枪十挺。我们一面打扫战场，一面继续肃清残敌。直到3月19日早晨，午城、井沟之战才结束。

此次战斗，我们共歼日军一千余人，焚毁汽车六十余辆，缴获骡马二百余匹及其他大批军用物资，我军伤亡五百余人。午城、井沟战斗的胜利，对粉碎敌人西犯黄河的企图，丰富我们对日军的作战的经验，对我军开辟和建立以吕梁山区为中心的晋西南抗日根据地，保卫陕甘宁边区的黄河河防都有着重要意义。

（本文录自《八路军回忆史料》第一集）

我们的靠山是人民

文 / 王恩厚　李亚荣

王恩厚（1917 年—2005 年），湖北麻城人。1930 年加入共青团，1931 年参加中国工农红军，1933 年转入中国共产党。历任机枪手、看护长、军医、团卫生队长、冀中军区卫生部副部长。在异常艰苦的冀中平原游击战中，他依靠人民群众，组织建立了地下医院、地道医院、苇塘医院和药厂，隐蔽分散救治了大批伤员。1945 年任晋察冀野战军第三纵队卫生部部长，先后参加了绥远、大同、石家庄、平津等二十多场战役、战斗，组织指挥了战场伤员救治、转运等大量工作。1953 年至 1958 年历任第一军医大学副校长、校长。1955 年被授予大校军衔和二级八一勋章、二级独立自由勋章、二级解放勋章。

在抗日战争中，我俩曾在冀中地区做过医疗卫生工作，现根据记忆，对冀中平原游击战中收治伤病员的工作，作一些简要的回顾。

冀中平原，水陆交通四通八达，土地肥沃，物产丰富，是我晋察冀抗日根据地的粮仓，也是日本侵略者“以战养战”的重要地区。日军不仅占据着城镇，而且严密控制着铁路、公路沿线的村庄，并大修公路据点，频繁进行“扫荡”，这些都为我们在平原游击战中收治伤病员的工作带来了很大的困难。但是，在冀中平原的农村，我们党的工作基础好，特别是广大人民群众对我军有着深厚的感情，他们为了保护我军伤病员的安全，不惜牺牲身家性命，这是我们坚持在平原游击战中收治伤病员最根本的条件。同时，冀中腹地的白洋淀，渔村星罗棋布，周围苇塘一望无际，是收治伤病员理想的隐蔽地。淀内盛产鱼虾大米，便于为伤病员改善生活。在冀中东北部的津西地区，还有三处广阔的沼泽地，一处是雄县以南、大清河以北的老苇滩；一处是文安县的文安洼；另一处是津西东淀苇塘。它们不仅是我游击队员袭击敌人的重要阵地，也是我军隐蔽伤员的有利场所。夏、秋季节，平原上的青纱帐更是我军隐蔽伤病员的天然屏障。还有平原上的村庄，到处挖有交通沟和地道，也是我军转运和保护伤员的重要通道。在极其艰难的平原游击战中，我们充分利用这些有利条件，勇敢机智地采取多种形式，使伤病员得到了及时的收治。

组建医院、休养所

抗战初期，敌人只控制着铁路沿线，其他地区基本上掌握在我军手中。根据这种形势，1938 年春，我冀中军区和各军分区先后建立起后方医院（军分区后方医院后来改为休养所），并吸收了一批爱国医学专家担任领导工作。冀中军区后方医院院长周之望是北平协和医院外科大夫，后任院长陈洪园是留学日本

1941年1月15日，彭真（前排右三）、聂荣臻（前排左一）、程子华（前排左三）在晋察冀边区政府成立三周年之际与边区政府委员合影

的小儿科专家，医务处长殷希彭是留学日本的病理学博士；副院长薛克铮，医生王育荣、张禄增、罗廷贵等也都是医科院校毕业生或肄业生；此外，还吸收了一批护校毕业的护士。这些同志不仅有丰富的经验，而且抗战热情高，工作认真负责，吃苦耐劳，是我们医院建设和医疗的骨干，同时他们也以自己精湛的技术，带出一批医疗人员。抗日战争进入相持阶段后，敌人对冀中的“扫荡”越来越频繁，规模也越来越大。在反“扫荡”斗争中，医院要经常带领伤病员转移，目标大，行动也很不方便。为了在游击战争中保证伤病员有个安定的治疗环境，1939年春，军区卫生部决定，把军区后方医院分批转移到冀西山区完县（今顺平县）的清醒、杨家台、宁庄子一带村庄。1940年以后，斗争更加艰苦，各军分区的休养所，除留一两个所坚持在平原敌后收治伤病员外，其余均转移到冀西山区。

分散治疗，就地收治

1942年日军“五一大扫荡”后，冀中斗争更加残酷。敌人占领了冀中大部分城镇和村庄，大搞“治安强化运动”，出动大批兵力反复“扫荡”“清剿”，敌人所到之处，烧光、杀光、抢光。恶劣的斗争环境，给我们收治伤病员带来了难以想象的困难。为此，我们紧紧依靠人民群众，采取了分散治疗、就地收治的方法。

分散治疗，就是把原来实行集中治疗的休养所化整为零，分成若干医疗小组，每组二至三人，以医生或护士为组长，分散到各县各区各村进行治疗。就地收治，就是部队在什么地方打仗，伤员就留在附近的村庄。由当地医疗小组负责收治，不再向后方转送。

每个医疗小组都划定活动地域，在敌人“扫荡”“清剿”的时候，各小组就在指定的地域与敌人周旋，敌来我走，敌走我来，与敌人绕圈子，但又不跳出圈子。各医疗小组紧密依靠群众，利用两面政权，独立工作，各自为战。医疗小组在选择住宿村庄时注意了三个条件：一是两面政权确实掌握在我们手里，村长和联络员绝对可靠；二是群众基础好，没有投敌叛变分子；三是有良好的地道。选择住户一般是选择在靠近村边的抗属、干属、贫雇农和堡垒户家中，家里有秘密的地道口。在医疗小组组长的选择上，我们尽量选些本县、本区、本村的人，便于展开工作。外乡外地同志，则分别安排到各小组内。第九军分区女护士张陶喆是高阳县人，她哥哥是高阳一区区长，就把她带领的医疗小组分配在高阳一带活动。女护士李淑英、徐瑞兰、张兰英等是蠡县三区人，就把她们分配在蠡县三、四区一带活动。为了解决分散治疗中伤员手术的问题，分区手术组采取了不定期地到各组巡回手术的方法。

为了保证分散治疗，就地收治，安全隐蔽，医护人员和伤病员都化装成农民，与住户同吃、同住、同劳动，并事先协商好是什么亲属关系，这样万一遇敌人盘问，就能对答如流，使敌人找不出破绽。伤员分住各村，医护人员到各村给伤病员换药或巡回治疗时，男同志一般化装成下地做农活或赶集做小买卖的，女同志梳起髻来，化装成回娘家或去婆家的。

在分散治疗中，医疗小组一般只能做到为伤病员治疗换药，伤病员的饮食、护理和安全，则全部由房东包下来。冀中人民对子弟兵有着真诚、纯朴、深厚的感情，他们把伤病员当作亲人，喂水、喂饭、端屎、端尿，并尽一切可能，为伤病员做可口的饭菜吃。一次，一个下肢骨折的重伤员，住在任丘市东王庄刘大娘家里，伤员因为发烧，吃不下饭。刘大娘就用平时自己都舍不得吃的香油给伤员烙饼、炒鸡蛋，伤员感动得流下了热泪。遇到敌人搜查，发生危险情况时，房东挺身而出，机智勇敢地掩护伤病员脱险，甚至不惜牺牲自己，也要保护伤病员的安全。

女护士王桂平小组，住在蠡县杜各庄。一天拂晓，突然被敌人包围。她们把五个重伤员隐蔽在夹壁墙内，而后与轻伤员迅速钻入地道。地道口在牛棚里，她们钻地道后，房东的老牛正好卧在地道口上。这时敌人蹿进院子，逼房东老大伯要八路，老大伯坚定地回答说："没有！"敌人就翻箱倒柜到处寻找地道，还到牛棚想把老牛赶走，老牛就是不动，牵不动，就打，老牛还是纹丝不动。敌人找不到地道，便气急败坏，毒打老大伯，老大伯被打得死去活来，周身是伤，但他一口咬定："不知道！"敌人走后，王桂平出来一看，隐蔽在夹壁墙内的五个重伤员已被敌人拖到院子里，横躺竖卧在地上。她听伤员们说，伪军曾欺骗说他们也优待俘虏。伤员们怒斥伪军："收起你们的那些鬼花招吧，当八路军就不怕死，怕死就不当八路军！"听到这里，她立刻意识到，敌人不杀害重伤员是个阴谋，是想放长线钓大鱼，留着重伤员，诱捕工作人员，不能上当，三十六计走为上策，于是医疗小组连夜把伤员全部转移了，果然第三天敌人又包围了村庄。

还有一次，肃宁县卫生所的支部书记刘福林、护士长赵华臣和两名护士住在高阳县庄头村。这时正是麦收季节，村东头的张大伯、牛大嫂两户贫农缺乏劳动力，赵华臣同两个护士商定，趁月夜为这两户去割麦子。拂晓，他们赶着满载麦子的大车回到打麦场的时候，突然发现场边的椿树上拴着几匹军马，四五个横眉竖眼、歪戴军帽的伪军，正围坐在场边吸烟，见他们来了，一下子包围上来。怎么办？这时，牛大嫂正带着她不满三岁的儿子斗儿和张大伯在场边等候卸车。只见牛大嫂大声地对赵华臣说："斗儿他爹，你把斗儿带走，叫他找奶奶去，水缸里也没水了，你去担两担水！车，我来卸。"赵华臣马上心领神会，抱起斗儿离开打麦场。接着张大伯又故意大声说："你们小哥儿俩卸完这车麦，把大洼里割的麦子拉回来再吃早饭！"两个护士卸完麦子，又赶起大车走了。伪军在一旁听着看着，对这"一家人"打消了怀疑。刘福林头天晚上因写材料睡得晚，对被敌包围毫无察觉。起床后，他在街上被伪军看见，正要盘查他，村妇救会主任刘凤芝看见，急忙赶过来，指着刘福林的鼻子气呼呼地喊道："你这懒东西，我早就叫你起来去

割麦子，你磨磨蹭蹭不起来，这会儿老总们来啦，还不赶快挑担水给老总们饮马。”伪军见此情景，一齐笑了，以为这是怕老婆的“窝囊废”。刘福林担了水，趁敌人饮马当儿溜了。

在高阳，一天拂晓，敌人包围了北窝头村，挨门挨户地搜查八路军。住在村南头焦大娘家的伤员在炕上动不了，屋里的药味和血腥味很大。敌人在大娘邻居那边的翻箱倒柜声、打骂声和小孩的哭声隔墙传来。怎么办？出于对人民子弟兵的高度热爱，大娘急中生智，从厕所里拿了个大尿盆，捞上半盆屎尿，倒上半盆水，在炕上、地上倒了一片，药味、腥味被臭味代替了。等敌人要进门时，满脸泪痕的焦大娘端着尿盆和敌人碰了个照面。“可别怪我老婆子，儿子正闹病，看把这屋弄得不像个样子，可苦了我老婆子了！”敌人嘴里骂着，捂着鼻子争先恐后地跑了。

在献县军王庄，一名下肢骨折的伤员住在王大嫂家里。一天，王大嫂正给伤员喂饭，突然闯进来一个伪军，指着伤员问道：“他是什么人？”王大嫂回答：“我男人！”伪军用刺刀挑伤员的被子，王大嫂厉声说：“不准动他，他害的是伤寒病！”伪军一听是伤寒病，吓得扭头便走。

在蠡县握扭庄，一天，敌人要把一个轻伤员抓走，村长齐振耀挺身而出，以性命担保，说伤员是本村的“良民”，敌人看村长态度坚决，信以为真，就把伤员放了。还有一次，七军分区的王泽清医生，在定县安家营遇到敌人，马炳南医生在安国县境内被捕，这两个医生都由他们所在的村庄以本村“良民”的身份用钱赎了回来。

分散收治，我们大体上坚持了两年时间。到1943年下半年，冀中形势逐渐好转，1944年各分区休养所又先后恢复集中收治。

挖掘地道，建立“地下医院”

在冀中，敌人常借碉堡林立、公路如网的条件，对我军实行突然袭击，这给我们收治伤病员带来了很大危害。为了防止伤病员受到伤害，最初我们是利用群众的菜窖、夹壁墙把伤病员隐蔽起来应付紧急情况。但这样隐蔽易被敌人发现，吃过亏。吃一堑，长一智，后来，我们又和群众一起研究，创造了用挖地道的办法来隐藏伤病员，这样，安全才有了较为可靠的保障。第八军分区献（县）交（河）大队医生杨国藩是献县军王庄人。1940年10月，他奉命回本村建立医院。从1941年起，他就同村干部共同设计挖掘地道，在地道内收治伤员，名之曰“地下医院”，又称“地道医院”。这所“地下医院”主要是依靠村党支部和群众的积极支援办起来的，只有他一个医生，而伤员的最大收容量曾达到过一百多人，在一年多时间里，累计收治伤病员六百多人。

有了地道，我们收治伤病员就安全多了，但开始的地道，多是一家一户地挖，进出口只有一个。有的地道口不够隐蔽，有时还会被敌人发现。后来，聪明的人民群众，巧妙地把地道口设在牲口棚内，碾盘、磨盘下面，甚至灶膛内。不少地道挖了两个以上的进出口，这样，敌人就很难找到地道口，就是找到一个口，我们的人还可以从另一个口出去。以后又挖了连户、连村地道，这就更安全了。

第九军分区护士张兰英小组，住在

蠡县潘营村抗属刘大娘家里，大娘待她们像亲生女儿一样，关怀照顾，无微不至。大娘善良忠厚，寡言少语，但在关键时刻却非常坚定。一天拂晓，敌人突然出现，张兰英她们带领伤病员迅速钻入地道。敌人进院毒打刘大娘，逼她说出地道口在什么地方，伤员藏在哪里？大娘坚定地回答："不知道！"敌人把刘大娘打得口吐鲜血，遍体鳞伤，但刘大娘始终一口咬定"不知道"，终于保护了同志们的安全。

第七军分区的王君平所长和看护员赵志义，住在定县土厚村杨二嫂家中。一天，被敌人包围，他们钻进地道，但不小心把一枚手榴弹留在外面。敌人捡起手榴弹向杨二嫂要八路军。机敏的杨二嫂没有被这意外的险情吓倒，她面不改色，从容不迫地对敌人说："这手榴弹是孩子在街上玩的时候拣来的，我家如果藏着八路军，我能把手榴弹摆在明处吗？"敌人将信将疑，毒打她一顿，又逼问她，她忍痛始终不改口，敌人只好拿上那枚手榴弹没趣地走了。

我们不仅利用地道保护伤病员的安全，还利用地道给伤病员进行治疗。当时的地道，一般是高 1.5 米，宽 1.2 米，有通气孔，并利用群众做饭的风箱不断输送新鲜空气。伤员坐着躺着都可以换药，还可以做简单的扩创手术。

后来我们还利用地道存放或制作药品。第八军分区卫生处曾在献县孝巨村、泗水岸村，饶阳县大宋驾庄等地利用地道开办过小型地下制药厂。第九军分区卫生处也曾在任丘县檀庄建立过地下药房，在白洋淀小梁庄建立过地下制药厂。

利用芦苇荡，建立水上医院

在抗战初期，第九军分区就曾在白洋淀采蒲台、圈头、小梁庄一带建立起了休养所和制药厂。白洋淀内一个个渔村，就像海上星罗棋布的群岛，没有船休想进村，伤病员住在这里比较安全。同时每个渔村的周围，遍布藕塘、苇塘，夏季来临，藕塘内"映日荷花别样红"，茂密翠绿的芦苇，一望无际，景色十分优美；秋季到来，天高气爽，湖天一色，微波荡漾，渔船往来。傍晚，夕阳西下，晚霞如火，令人心旷神怡，真是一个为伤病员治疗的好环境，但同时敌人也会对白洋淀进行不断的"扫荡"。白洋淀家家捕鱼，户户有船，休养所的工作人员和轻伤员，都向渔民学会了驶船、捕鱼。在敌人"扫荡"时，休养所的全体同志便马上驾驶小船，带上伤病员，同渔民一起，钻进浩瀚的芦苇荡隐蔽起来。住在船上，吃在船上，治疗在船上，同志们称之为"水上医院"或叫"船上医院"，这时常常是：白天太阳晒着，夜晚暴雨淋着，秋天蚊虫叮着。生活虽然艰苦，但大家情绪很高，敌情稍有缓和，便可听到他们激情满怀的抗日歌声。

在反"扫荡"和冬季结冰期间，休

地下医院在此挖地洞隐藏伤员

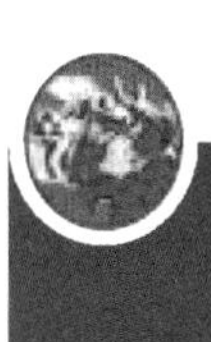

养所就化整为零，实行分散治疗。在白洋淀也会遇到危险情况，一次，休养所在采蒲台就险些被敌人包围，他们刚转移出去，敌人就把采蒲台包围起来，所幸没有包围住伤病员。

1944年春节，我第九军分区四十二区队端了大清河畔苟各庄的炮楼，消灭日军二十多人，伪军六十多人。第二天敌人就来白洋淀进行报复性“扫荡”，任丘休养所护士卢杰等同志，带着八名重伤员，坐上白洋淀结冰后的快速交通工具冰床子与敌兜圈子。敌人到这村，他们到那村，敌人进村，他们出村，最后在渔民掩护下安全脱险。

抗战时期，白洋淀大部分时间控制在我军手里，只有1942年几个月的时间被敌军控制。在此期间，我们把休养所转移到大清河北的老苇滩实行分散治疗，到1944年夏又回到白洋淀，直到抗战胜利。

第十军分区卫生处于1943年，将一部分重伤员转移到津西东淀苇塘进行治疗，医护人员充分利用茂密芦苇做隐蔽，在苇塘深处建立起一所“芦荡医院”。开始他们住在小船上，后因伤病员逐渐增多，小船容纳不下，他们又自己动手利用芦苇搭起多处芦苇病房。他们还到苇塘内打鱼、捕野鸭，积极为伤病员改善生活，使伤病员得到了很好的治疗。

敌进我进，到敌占区治疗

“五一大扫荡”后，日伪军活动十分猖狂，“清剿”，搜捕，整天闹得鸡犬不宁。这时，我们又采取敌进我进的办法，利用关系，把少数重伤员送到敌人占据的县城或被我军控制的敌人据点内，以合法身份，公开医治，并派医疗小组带一部分伤员到敌占县城的附近村庄隐蔽医治。第九军分区李桂云小组带十余名伤员到蠡县城附近的沈河庄、黄庄隐蔽；李淑英小组带七名伤员到距安平县城约四公里的贾屯隐蔽；徐瑞兰小组带五名伤员到离安平城两公里多的张家窝村隐蔽；第九军分区卫生处处长王恩茂带几名工作人员隐蔽在清苑县老河头敌人的据点村开展工作。第七军分区开始采用这种办法时，有的同志担心安全上没有保障，卫生处领导马伦同志就亲自到定县城附近的东堤阳村搞试点，这个村过去曾被视为敌占区的“爱护村”。马伦先找到分区通信班战士安东海（东堤阳村人），向他了解了村里的情况。傍晚，即带着安东海和警卫员张振华、刘银喜进村住在安东海家，并很快与抗日村长、共产党员安洛尧和支部书记安进福接上头，他们把马伦等人看作亲人，提供不少重要情况。当时村的党组织不公开，但党支部组织健全，工作很活跃，应付敌人的村长安可敬、联络员安洛星都是在党支部的领导和控制下进行活动的。通过不断地工作，该村很快成为分区卫生工作的中心阵地，分区推广了这个经验。

许多医疗小组，在敌占区依靠当地党组织，利用两面政权，紧密依靠群众，圆满完成了收治任务。但在完成任务过程中，也并不风平浪静。第九军分区护士李淑英小组在安平县贾屯坚壁时，住在副村长（地主）家里。后来副村长怕受牵连，在黑夜把她推出门外。她只好去找村长（共产党员），村长把她领到一个两眼失明的贫农老大娘家里住下，大娘亲切地对她说：“闺女不要怕，你就在我这儿住吧，来查，我就说你是我的亲闺女，别看大娘穷，有我吃的，就有你

王恩厚

吃的，大娘拼着老命也要保护你。”几句话说得李淑英心里热乎乎的。

不久，这个小组转移到另一个村庄，李淑英又住在一位贫农大娘家里。一天，敌人突然包围了村庄，把全村的男女老幼都赶到广场上搜查八路军。大娘不顾亲闺女的安危，却紧紧拉住李淑英说：“你蹲下，装肚子疼，看大娘眼色行事。”野蛮残暴的敌人，从人群中拉出一个青年，硬说是八路，捆在树上活活地给烧死了，还在光天化日之下，把青年妇女赶到一个大院去凌辱。忽然一个伪军蹿到李淑英身边逼问道：“你在这儿蹲着干什么？起来！”大娘不慌不忙地说：“她是我闺女，肚子疼，你看不见她两手按着肚子啊！”伪军看了一眼就走了。

在对敌斗争十分尖锐，环境十分残酷的情况下，我们冀中广大医务工作者，发扬救死扶伤的精神，在党的领导下，团结依靠广大人民群众和各阶层爱国人士，发挥聪明才智，适应斗争形势的需要，采取多种办法，成功地开展了收治伤病员工作，这在中外战争史上是少见的。这一事实充分证明了毛主席关于人民军队、人民战争思想的无比正确。人民，只有人民才是我军的最强大的靠山。伟大的中国人民，过去是，现在是，也将永远是我军克服任何困难，战胜任何敌人的最可靠的力量。

（本文由八路军太行纪念馆供稿）

日本兵在我身上刺了二十四刀

口述／郑心文　整理／陈书焕

长期为共产党运送粮食和钱物 叛徒出卖落入日军手中

我从小在东郊镇长大，这个镇地处海南文昌东面的一个半岛上，清澜港是与外界连接的最近通道，也是阻止敌人入侵的天然屏障。为达到控制整个东郊镇的目的，1942年初，日军已有部分军队入侵文昌清澜，并在镇上建起了临时营房。随后，日军的另一分队又越过清澜港，在东郊码头安营扎寨。那时，日军将清澜港内的所有船只都控制了，往返东郊镇的人和物都要经过他们的检查才可出入。

当时整个东郊人民都已感觉到大难的临近，为减少伤亡，整合分散的抗日资源，县委县政府在每个村委会都设立了一名“甲长”，负责组织联络地下党员和抗日积极分子，发动、组织群众抗日。我就是当时椰林村委会的“甲长”（相当于现在的村长），经常秘密搜集粮食和钱物，然后偷偷送到共产党的驻地去。

由于我经常和共产党联系，负责抗日后方的工作，在当地“小有名气”。后来有一位原先也是地下党员的村民投靠了日军，我的名字就进入了日军的“黑名单”。1943年的一天，在吃完午饭后，我听到外面有人喊“鬼子来了”。正当我准备冲出门逃跑时，日本兵已经迎面而来，将我抓了个正着，并把我关到日军的军营里去了。

五名同伴被日本兵用刺刀活活剐死 自己身中二十四刀死里逃生

到了日军军营后，我发现同时被抓来的还有附近几个村的五位村民。日军将我们六人关进了一间囚牢里，并用绳子将我们吊起来。在接下来的六天里，日军在我们身上采用了各种酷刑，企图得到一些秘密情报。在前两天，日军还让我们每人吃一顿饭，后来干脆给我们断了粮。本以为要饿死在囚牢里，后来一名给日军当差的台湾人见我们可怜，每天晚上将日军吃剩的饭偷偷送给我们，我们才得以度过艰难的六天。

我还记得，当时日军向我逼供，问我说：“你是不是共产党员？”我就老实地回答说我不是共产党员。当问到其他地下党的情况时，我的回答也都是“不知道。”

在被囚禁的六天当中，我们其实是有过一次可以逃跑的机会的。有一天，口渴难耐的日军差遣我们六人爬到树上去摘椰子，椰子摘下来后，由于只顾着喝椰子水，日军放松了对我们的看守。看到逃跑的机会来了，我便向另外的五人提议分头逃跑，但却没有得到同意。因为另外五个人觉得自己不是共产党员，也不是地下党，就是普通的渔民，日军不会杀害他们的。但是，他们失算了。

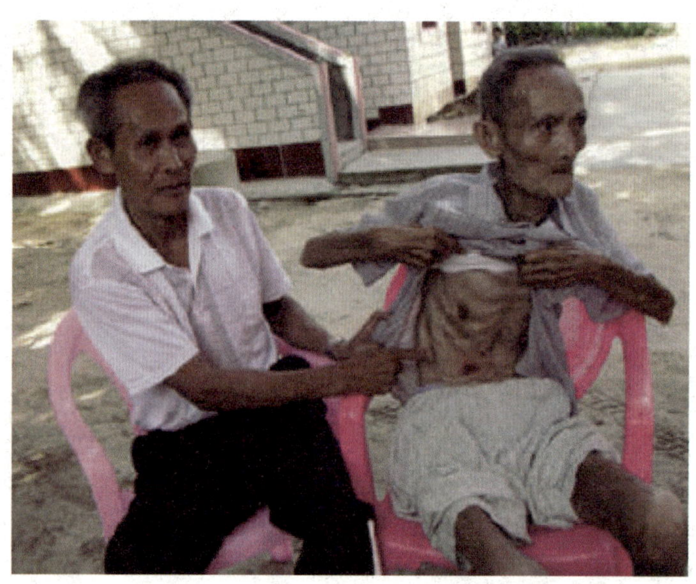

郑心文身上被砍了二十四刀，至今仍留下许多伤痕（右为郑心文）

六天后的一个晚上，日军见没有在我们六人身上套出任何的抗日机密，便决定将我们捆绑到一个山坡上秘密处决。在目睹日军残忍地用刺刀活活剐死了五名同伴后，我向日军提出了枪决的要求，但遭到了拒绝。当时一名日军将我绑到一棵树上，手持尖刀向我身上连连砍下。当时我下意识地弯着腰，拼命地用腿抵挡，结果日军的刀只刺到了我的手部、腿部、腰部和背部，没有刺到心脏等要害部位。刺杀过程中，绑着我的绳子被刺断了，日军随后一脚将我踢倒在地，我慢慢失去了知觉。

半夜里，我又奇迹般地苏醒过来。看到其他的五人都已倒在血泊之中。强烈的求生欲望驱使我慢慢往家里爬去。在路过一户人家的门口时，恰逢一村民出来上厕所，看到我浑身血迹斑斑，吓了一跳。认出我以后，这位村民只敢将捆绑在我身上的绳子解了下来，但没敢收留我。凌晨4时，在爬行了近五公里后，我终于爬到了家门口。正准备出门的嫂子看到家门口躺着一个穿着“红衣”的人，也被吓了一跳。定睛一看，发现是自己的弟弟。嫂子冒着被日军发现的危险，赶紧将我背回了家。要不是嫂子把我救回来，我也早就死了。

嫂子背着我四处躲藏
白天背上山晚上背回家

当时嫂子把我背回家后，发现我身上的衣服和皮、血、肉都粘在了一起，根本脱不下来，最后只得用剪子将我身上的衣服慢慢地剪下来，并为我进行了简单包扎。嫂子在清洗我身上的伤口时，数出了二十四个刀痕。

由于当时村里没有医生，同时为了不被日军发现，嫂子第二天赶到邻村一位医生那里，偷偷为我买回了治刀伤的药，并百般嘱咐那位医生，千万不能跟任何人说起她来买过治伤的药。为防止

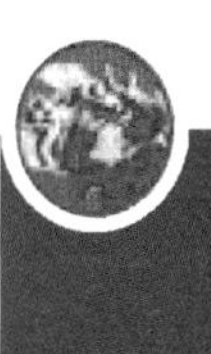

日本兵察觉，她还扮成拾牛粪的，将牛粪覆盖在药上面，一路上骗过了日本兵的搜查。

此后在嫂子的细心照料下，我的伤势逐渐好转。当时日军每天都在挨家挨户搜查共产党员和抗日分子，为躲过日军的搜捕，嫂子每天白天将我背到山里藏起来，晚上又将我背回家。后来，我的侄子对我说，在我被救回来的第二天，家里就来了几个到处搜查的日本兵。他的曾祖父急中生智，赶紧找来一把大锁，将我藏身的那间房锁上，并骗日本人说自己的媳妇和孙子种田去了，家里没人，这才躲过了一劫。否则全家都会被杀光，而且还会连累整个村的人。

在我身上的伤口还没结疤的时候，村里开始传出风声，说日军正在四处抓我。在极度危险的情况下，家人想方设法联系到了一家在广东生活的海南亲戚，于是我离乡背井到了广东避祸，直到1945年抗战胜利后，我才返回家乡。此后，我一直靠卖猪肉为生，并养育了四个儿子。如今，孩子们有的在外打工，有的靠打鱼为生，一家人的生活虽然算不上很富裕，但平静祥和。我永远怀念以前为共产党做事的日子。

（本文选自海南新闻网）